慶応大学投資クラブ「SPEC」が贈る
ぼくらの株式投資奮闘日記

個人投資家への第一歩

序章　投資研究会「SPEC」とは？

■SPECの設立理由

　私たちがSPECを設立した理由はたくさんあります。なかでも、「経済の実態を知りたい」という欲求が最も大きな理由でした。大学の経済学部や商学部で勉強していると、マルクスやケインズといった経済学者の経済理論をいきなり教えられます。確かに、経済理論は現実を説明するための大事なツールであることは事実ですが、その前に、机上の論理ではないもっともっと"現実"の動きを知りたいと思ったのです。

　学生にとって、株式投資はマクロ経済学やミクロ経済学の「演習」になるものだと思います。演習なしでは理論は机上のものでしかありません。理論をもっともっと楽しくするためにも株式投資は良い体験になる。そう思い私たちは漠然としながらも、しかし確固とした信念をもって、どうやって株を始めればよいのかを調べたのです。でも、ひとりで勉強していても実感が湧かず、とにかく効率が悪かったのです。そこで、友人（同志）を集めて「勉強会をしよう！」と。それが投資研究会SPECの設立のきっかけになったのでした。

　投資研究会SPECに所属する個人個人はそれぞれやりたいこと、進みたい道があります。しかし、道は違っても、将来「あいつが何かやるらしい。助けよう！」と言い合えるような関係を築きたいという強い共通の思いを皆が持っています。歴代の著名な方々を見ても、学生時代に価値観を共有したとか、何かしらの共同作業をしたという友人たちとの関係は信頼感で結

ばれているようですし。

　何か大きなことをするときには、この信頼関係がもっとも大事になると思います。また、信頼感だけでなく緊張感を持った関係でいたいとも思っています。ただ仲が良いだけで、惰性で時間を過ごしているような間柄ではなく、それぞれが得た新しい知識や経験などを話し合って刺激を与え合い、さらに成長していけるような、そんな切磋琢磨し合える人間関係が築けたらと思うのです。

　株式投資は、お金がかかっているからこそ現実的かつ真剣になれるし、"机上の論理だけではない経済の実態を知る"という大きな目的達成の過程で、きっと何か強い絆のようなものが得られると確信しています。

■投資クラブの目的

　「学生でいる間に莫大なお金を得よう！」などと本気で思っているわけではありません。

　私たちが投資研究会の運営を通じて本当に実現したかったことは、"早いうちに机上ではなく素肌で経済を感じる"ということ。加えて"株式投資とはどんなものなのか"ということを、まだ投資を知らない若い世代に、そして投資を怖いと考えている人たちに伝えることです。そして、もうひとつ。「僕たちでも何か世の中に影響を与えることができるかもしれない」という小さな希望のようなものも──設立時のメンバーの心の中には特に──存在しています。

　バブル以降、株式投資に対して悪いイメージがついたことは皆さんもご存知のとおりです。個人投資家の数や出来高がそれ

以降激減したことは紛れもない事実で、物心つくかつかないかという時期に"バブル崩壊"を目の当たりにした我々学生の世代は、特に「株」「債券」「外貨」などの金融リスク商品を、無意識のうちに敬遠するようになっていました。「信用取引で大損して自殺した人がいるらしい」「株は危ないから貯金するに限る」など、保守的な風潮が若い世代を覆っていたことは、実際、私たちが肌で感じていた現実でもありました。

しかし、やはり「投資の盛り上がりなしには経済の興隆もない」と教えられてきたことも事実でした。「日本は他国に比べて貯蓄率が異常に高く、株や債券などでの資産保有が極端に少ない。多額の個人資産が眠ったままの状態にある。仮に、その資産が市場に流れ出れば、どれほどの経済効果が望めるだろう」というシンプルな考えが常に頭の中をめぐっていたのです。

だからこそ、学生という立場の私たちが、額は小さくとも先頭に立って株式投資を行い、投資の重要性やその魅力を少しでも伝えられたらと思ったのです。特に、私たちを含めた多くの学生投資クラブの設立を近くで見ている学生たちは、この動きを肌で感じ取って、いち早く反応し、参入できる環境にあります。彼らは将来的に大きな資産を保有し、それらを運用することになる「投資家予備軍」です。まずは、彼らが私たちの活動から将来の資産形成への第一歩を踏み出してくれればと思います。それがほかの若者たちへ、そして一般の家庭にも伝播し、さらなる株式投資の興隆を生むきっかけのひとつとなることを願っています。

現在の経済状況を考えると、個人にとっての投資の重要性が鮮明に浮かび上がってきます。騒がれている今後の年金問題、財政難による消費税引き上げ等を考えると、投資をしなければ

生き抜けない時代になってきていることは、おぼろげながら皆さんが感じていることだと思います。資産を守り増やしていくためには分散しておくことが大切です。貯金はもちろんですが、それだけに資産を置いておくのはリスクでもあるのです。

　日本経済は長い間の低迷期をぬけて回復基調に入ったことがさまざま指標からも確認できています。過去のデータから言えば、景気が回復すれば株価は上昇していきます。投資を始めるに当たって「今」がとても適した環境にあると私たちは考えています。

　２００５年１１月末現在、デイトレードや外国人機関投資家の増加で４５億株という出来高が実現するほどの盛り上がりを見せている株式市場。この出来高のうちの０．００００１％は、私たちが投資クラブを設立したことによるものかもしれない。そんなことを考えながら私たちは日々活動しています。まだ大学生である私たちの熱気あふれる奮闘ぶりを、ぜひ最後までお読みになってください。

慶応大学投資クラブ「SPEC」が贈る
ぼくらの株式投資
奮闘日記

序章 ────── 2

第1部　11
試験があったとしたら出るかもしれない ファンダメンタルズ分析

第1章　ファンダメンタルズ分析とは何か ────── 12
概要／何がわかるのか

第2章　財務分析について ────── 13
概要／財務分析に必要な資料とは／情報の入手先は?／連結or単独

第3章　財務諸表の種類 ────── 16

第4章　財務諸表の見方 ────── 17
第1節　貸借対照表 ────── 17
概要／固定資産・流動資産で安全性を見る
流動比率で企業の安全度を測る／自己資本と他人資本でさらに安全性を見る
企業の「ふところ具合」を有利子負債で見る
第2節　損益計算書について ────── 25
概要／「売上高」でどれだけのお金が入ってきたかを見る
「営業利益」を見てどれだけの費用がかかっていたのかを知る
「営業外利益&営業外費用」で本業以外の収支を見る
特別損益を見て、当期純利益に影響を与えていないかを知る
当期純利益で最終的にどれだけの利益が残ったのかを知る
利益率を見ることで効率的な経営が為されているかを知
原価率を見ることでどれだけのコストを掛けているのか知る
販管費を見ることで企業の効率化をさらに調べる
増収・増益率を見ることで成長性を知る
第3節　キャッシュフロー計算書 ────── 35
概要／営業キャッシュフロー／投資キャッシュフロー／財務キャッシュフロー

第5章	株価指標について	39
第1節	PERについて	40
	PERの概要／PERの求め方／PERの使い方	
第2節	PBRについて	44
	PBRの概要／PBRの求め方／PBRの使い方	
第3節	ROEについて	46
	ROEの概要／ROEの使い方＝数値が高いほど優秀	
第4節	ROAについて	48
	ROAの概要／ROAの使い方	
第5節	配当性向・配当利回り	50
	配当性向・配当利回りの概要／配当性向・配当利回りの使い方＝キャピタルゲインを狙うか、インカムゲインを狙うか	
コラム	材料が株価を動かす？	52

第2部　53
試験があったとしたら出るかもしれないテクニカル分析

第1章	テクニカル分析について		54
第2章	テクニカル指標とは		58
	概要／テクニカル指標は完全ではない		
第3章	代表的なテクニカル指標について		60
第1節	移動平均線	概要／使い方／注意点	60
第2節	MACD	概要／使い方／注意点	64
第3節	RSI（相対力指数）	概要／使い方／注意点	68
第4節	ストキャスティクス	概要／使い方／注意点	72
第5節	一目均衡表	概要／使い方	76
第6節	ボリンジャーバンド	概要／使い方／注意点	78
第7節	出来高	概要／使い方／注意点	82

第3部 87

郵政民営化あり、ヘラクレスの気配値一本化あり、ジャスダックのシステム障害あり、東証のシステム障害もあり……。波乱の4ヶ月を闘った、慶応大学投資クラブSPECメンバーの投資日記

慶応大学投資クラブSPEC所属
現役女子大生☆芳川諒子☆の超初級☆投資日記 ── 88

慶応大学投資クラブSPEC二期副代表
森光伸による投資日記 ── 108

慶応大学投資クラブSPEC出版チームリーダー
合田章生の投資日記 ── 128

慶応大学投資クラブSPEC三期代表
春尾卓哉の短期売買日記 ── 162

株式投資日記番外編
これだけはやってはいけない天野裕光の投資日記 ── 218

第4部　　233
投資日記をつけて学んだ"教訓"紹介

第1章　教訓8箇条【概要】 ———————————— 234

第2章　教訓8箇条についての詳細 ———————— 235

- 教訓1　投資理由はちゃんと考えてから投資する
- 教訓2　いくら財務内容を重視しても買い時売り時は必ずチャートを見て判断する
- 教訓3　自身の持つリスク許容度を超えて損が出たら売却する
- 教訓4　アップデートされた最新の情報を集める
- 教訓5　うわさで買い（売り）、確かな情報が出たら売る（買う）
- 教訓6　投資はロマンであるという気概を持って臨む
- 教訓7　大きな流れに沿っていく
- 教訓8　日記（売買記録）をつける

付録 ———————————————————————— 244

番外編　市場を読もう
金利関係／海外情勢／需給関係／経済指標／天候

特別寄稿 ——————————————————————— 253

㈱FISCOアセットマネジメント岡崎氏コラム

あとがき ——————————————————————— 255

第1部

試験があったとしたら出るかもしれない ファンダメンタルズ分析

第1部では、ファンダメンタルズ分析について解説します。ここでは、「もし、ファンダメンタルズ分析という科目があったとしたら何を覚えるべきか」を念頭に、必要最低限のことをまとめてみました。さらに詳しいことが知りたい方は専門書を読んで理解を深めてください。

第1章 ファンダメンタルズ分析とは何か

【概要】

ファンダメンタルズ分析とは企業の業績や経営状況などを総合的に調べて株式投資に生かすことです。この章ではこのファンダメンタルズ分析を次の2つに分けて見ていきます。

●財務分析の基本
●株価指標の読み方

【何がわかるのか】

ファンダメンタルズ分析を知ると、財務諸表（後述する貸借対照表、損益計算書、キャッシュフロー計算書）の数字の意味がわかるようになります。どこの会社に投資すべきかという手がかりが見えるようになるわけです。ファンダメンタルズ分析の最大の特徴は、企業の実力を見抜くことで、ある程度、その企業の将来性を見極められるところにあります。

いろいろ意見があるとは思いますが、以上のような理由で、私たちは株式投資においてはファンダメンタルズ分析は最も重要であると思っています。

第2章 財務分析について

【概要】
　財務分析とは、ひとことでいうと財務数字の意味を理解することです。資産や経常利益、キャッシュフローといった財務数字の意味を理解できれば、企業の将来性や安全性が見抜けるようになります。

【財務分析に必要な資料とは】
　会社には、投資家や一般の人達が企業の情報を見ることができるようにしなくてはいけない義務があります（公開する義務があります）。その義務をカタチにしたものが「財務諸表（貸借対照表、損益計算書、キャッシュフロー計算書）」と呼ばれるものです。そして、この財務諸表が、財務分析に必要な資料になります。財務諸表には企業の財務活動が映し出されています。

【情報の入手先は？】
主なものは以下の通りです。

◎ヤフーファイナンスやインフォシークマネー
　一番お手軽な情報入手法です。ここにはＰＥＲなどの指標や企業情報などがわかりやすくまとめられています。

◎四季報

　最も代表的な入手法です。ここには基本的な情報が網羅されています。四季報には本とＣＤ―ＲＯＭの２つがあります。四季報ＣＤ―ＲＯＭはスクリーニングを行うときに便利です。

◎ＥＤＩＮＥＴ

　さらに詳しい情報が見たいのであれば、『ＥＤＩＮＥＴ』がオススメです。ＥＤＩＮＥＴとは金融庁のサイトのことです。上場企業の５年分の有価証券報告書がまとめて掲載されています。インターネットから簡単に見ることができ、かつ、個人投資家でも使うことができます。

◎企業のＨＰにあるＩＲ情報

【連結ｏｒ単独】

　さて、企業業績には『連結』と『単独』があります。果たして、どちらを見れば良いのでしょうか。一般的には『連結』を参考にするほうがよいとされています。『連結』欄には、その企業のグループ会社全体を考慮した数字が表されているからです。特に親会社・子会社などの関係がますます複雑になりつつある現代においては『連結』のほうが適切な判断材料になると多くの人が考えています。

　もし企業の業績など調べようと思ったらこれらをぜひ活用してみてください。

まとめ

★財務分析に必要な情報源は以下。
◎四季報
◎ヤフーファイナンス　http://quote.yahoo.co.jp/
◎インフォシークマネー　http://money.www.infoseek.co.jp/
◎ＥＤＩＮＥＴ　http://info.edinet.go.jp/EdiHtml/main.htm
◎各企業ＨＰのＩＲ情報ページ
◎決算書では『連結』の欄をみよう

第3章 財務諸表の種類

【概要】

　企業の業績を記載したものが財務諸表です。いわば財務諸表は企業活動の鏡であると言えます。

　財務諸表は貸借対照表、損益計算書、キャッシュフロー計算書の3つの表からなり、それぞれ役目が異なります。会社の業績を記したものとして有価証券報告書や決算短信などがあります。

　さて、株式投資に使う主な財務諸表は

> ①貸借対照表
> ②損益計算書
> ③キャッシュフロー計算書

の3つです。

　貸借対照表からは「その会社がどれだけの土地を持っているか」「どれだけ借金をしているか」といった会社の姿がわかります。『資産』『負債』『資本』のパートに分かれています。

　損益計算書からは「その会社がどれだけ売り上げたか」「原料がいくらだったか」といった会社の収支構造がわかります。『費用』と『利益』のパートに分かれています。

　キャッシュフロー計算書からは「実際の現金の動き」がわかります。現在の企業のお金の動きを最も単純に教えてくれます。『営業キャッシュフロー』『投資キャッシュフロー』『財務キャッシュフロー』があります。

第4章　財務諸表の見方

本章では、貸借対照表、損益計算書、キャッシュフロー計算書のそれぞれの見方を説明していきます。

第1節　貸借対照表

【概要】

貸借対照表は英語で「balance sheet」といい、通常はB／Sと呼ばれています。

次ページを見るとわかるように、貸借対照表には『資産』『負債』『資本』があります。それぞれを簡単に説明すると以下のようになります。

◎資産

「会社がどういう形の財産を持っているのか（＝資産の運用形態）」を示すものです。例えば、ビルや土地や機械などが含まれます。

◎負債

借入金や社債に代表されるような資金の調達源泉のひとつです。

◎資本

活動をするために必要な運転資金です。株式も資本として発

貸借対照表

(資産の部)

1）流動資産
◎現金
◎売掛金及び受取手形
◎有価証券
◎たな卸し資産
◎その他

2）固定資産
◎有形固定資産（建物や土地）
◎無形固定資産（特許権）

3）投資その他の資産
◎投資有価証券
◎繰延税金資産

(負債の部)

1）流動負債
◎買掛金及び支払手形
◎未払金
◎短期借入金や1年以内償還予定の長期借入金
◎短期の引当金

2）固定負債
◎長期の引当金
◎長期借入金や社債

(資本の部)

1）資本金
2）自己株式

　　　　　　　など

行されます。資本も、資金の調達源泉のひとつです。

　さて、ここで覚えておかないといけないことは、「貸借対照表の左側（資産）と右側（負債・資本）は、同じ額（同じ合計額）になる」ということです。これは負債と資本を使って資産を入れるからです。

> 資産＝負債＋資本

　つまり、資産は負債と資本を足したものなのです。なお、貸借対照表とは会社の一時点での姿を数字で表したものです。

【貸借対照表の"どこ"を見るのか】
　それでは貸借対照表でまずは押さえておきたいものから見ていきます。

1) 固定資産・流動資産で安全性を見る

A) 1年以内か、1年以上か
　資産の中には固定資産・流動資産と呼ばれるものがあります。
　固定資産と流動資産の判断基準は「1年以内に返済するかどうか」だと考えてまず問題ありません。つまり、1年以内に現金化できる資産を流動資産、1年を超えて現金になる資産を固定資産と覚えておけば良いわけです。例えば、在庫は流動資産、土地は固定資産という感じになります。
　また、負債にも、固定負債・流動負債というものがあります。1年以内に返済すべきものを流動負債、1年以内に返済期限が

ないものを固定負債と言います。例えば、急に資金が必要になったときにすぐ現金化できる資産がない会社、すなわち流動資産が少なかったり、そもそも現金が危機に耐えられるほど蓄えられていない企業があなたの勤めている会社だったとしたらどうでしょう。不安でたまらないはずです。安全性が高いとは言えませんから、投資対象にはなりにくいでしょう。

　また、1年以内に返さなければいけない負債が非常に多い会社が、あなたの勤めている会社だったとしたらどうでしょう。果たして、投資対象として魅力的でしょうか？　このように固定資産・流動資産は会社の安全性を見るのに使える数字なのです。

B）同業他社と比較する
　固定資産・流動資産を見るときは、同業他社と比較することをオススメします。
　例えば、膨大な設備投資と機械を必要とする電力や鉄鋼業界は固定資産が多くなります（固定資産の少ない業種の例も）。このように財務には業界ごとの特色が出るので同業他社と比較することは大切なことです。
　固定資産が多く、かつ流動負債も多い会社は要注意です。これは短期の借金が多いのに手元には長期の資産がないということ、つまり、「ローンを明日までに返さないといけないのに土地は持ってるけど今手元に現金がない」のと同じことなのです。土地は手続きが必要だったり買い手がいなかったりですぐには現金化できません。だから注意が必要なのです。

2）流動比率で企業の安全度を測る

　流動資産・流動負債を使って具体的に会社の安全度を測りたいときには流動比率という指標を使います。流動比率は短期的な返済能力を測るもので

> 流動比率（％）＝流動資産／流動負債×１００

の式で求めることができます。この数値が高ければ高いほど会社の安全度は高いと言えるでしょう。
　一般的に流動比率が２００％を超える会社は安全だと言われています。しかし、実際には２００％を超える会社は数えるほどしかありません。だいたい１５０％が「安全性が高い」と見られる基準のようです。

3）自己資本と他人資本でさらに安全性を見る

　自己資本は株主資本とも呼ばれます。他人資本は簡単にいうと借金のことです。すなわち他人資本とは負債のことです。貸借対照表の右側はこのように他人資本（負債）と自己資本（資本）に分けることができます。
　では話を戻して、自己資本と他人資本の違いを見ていきましょう。自己資本は株主資本ともいうように株主が出資してくれたお金や会社が利益の一部を貯金した現金（内部留保）のことです（自己資本＝資本金＋法定準備金＋剰余金）。一般的には自己資本の比率が高いほうがその会社は安全とされています。自

己資本の一部である株主資本は返却する必要がないからです。

　会社の安全性を見るのに自己資本比率という指標が使えます。自己資本比率は会社の安全性を図るときに最も用いられるものです。

> 自己資本比率＝株主資本÷（負債＋資本）

　自己資本比率が低い＝負債が多い＝借金が多い＝会社の展開が難しくなるとなります。

　ただ、株主資本が高い会社ほど良い会社かというと一概にそうは言えません。例えば、現金が多すぎるのは設備投資が積極的に行われていない表れと捉えられることにもなります。潤沢な現金を狙われて、Ｍ＆Ａの対象になる可能性すらあるでしょう。「配当金を上げてくれ」という株主の要望も増えるかもしれません。このように株主資本が多すぎても問題なのです。ちなみに全産業の平均株主資本比率は約３０％です。

４）企業の「ふところ具合」を有利子負債で見る

　有利子負債とは、返還期限があり利息を伴う負債を指します。有利子負債が多いと、負債を償還するための資金だけでなく、利息支払いの資金も必要となります。要するに、経営の自由度を狭めることになるのです。

　事業拡大や設備投資などの際、自己資本だけで賄うのは厳しいですから、有利子負債を用いること自体は何ら問題がありません。ただ、「借金が多い人はリスキーな生き方しているなぁ」

と感じるのと同じように、多すぎる有利子負債は好ましくはありません。

有利子負債を有価証券報告書から求めるのは複雑なのでインフォシークマネーのＨＰを利用すると良いでしょう。ここでは『有利子負債』として表示されています。そのうえで有利子負債依存度を測りましょう。さて、計算は簡単です。

> 有利子負債依存度＝有利子負債／総資産

です。この値が高いほど借金が多いことを意味しています。

さらに細かいところまで見てみましょう。負債の観点から会社の安全性を見るのに負債比率などがあります。最近注目されているのがＤ／Ｅレシオです。これは有利子負債と株主資本の比率を表すものです（ＤはＤｅｂｔ＝負債・ＥはＥｑｕｉｔｙ＝株です）。式は簡単です。

> Ｄ／Ｅレシオ＝有利子負債／株主資本

となります。会社の中にはこのＤ／Ｅレシオの低下を業務改善の目標として掲げているところもあります。

有利子負債が多くなるとＤ／Ｅレシオの値は大きくなります。逆に、株主資本が多くなるとＤ／Ｅレシオの値は小さくなります。

Ｄ／Ｅレシオの使い方としては「同業他社と比べること」と、「過去と比べてみてどの程度変わったか」を見ることの２つがあります。

まとめ

◎資産＝負債＋資本
　→合計額は等しくなる

◎流動比率（％）＝流動資産／流動負債×１００
　→流動比率の理想は２００％　１５０％あれば適格

◎自己資本比率＝株主資本÷（負債＋資本）
　→自己資本比率が多いほうが安全度が高い

◎有利子負債があること自体にはまったく問題ない。『多すぎること』が問題
　→有利子負債が多いかどうかはD／Eレシオを使って同業他社や過去と比較することでわかる

> 第2節　損益計算書について

【概要】
　損益計算書は英語で「profit and loss statement」と言い、通常Ｐ／Ｌと呼ばれます。
　さて、損益計算書（Ｐ／Ｌ）とは何でしょうか。簡単に言うと、企業が経営活動を通じて増加させた資産である「収益」と、そのために消費した資産である「費用」とを対応させた表になります。つまり、収益と費用の差額を見ることで、利益を出しているのか、損失を出してしまったのかを表示した資料なのです。企業の一定期間における経営成績を表すものです。

【損益計算書の"どこ"を見るのか　基本編】
　損益計算書で最低限見るべき数字は以下の通りです。

1）「売上高」でどれだけのお金が入ってきたかを見る

　企業の経営活動が生み出す収益のもととなる商品や製品の販売高のことを指します。単純に、どれだけのお金が入ってきたか（＝稼いだか）を示す数字です。

損益計算書

自　平成×年×月×日　　至　平成×年×月×日

1）売上高	××
2）売上原価	××
売上総利益（または売上総損失）	××
3）販売管理費	××
（省略）	
営業利益	××
4）営業外収益	××
（省略）	
5）営業外費用	××
（省略）	
経常利益	××
6）特別利益	××
（省略）	
7）特別損失	××
（省略）	
8）税引き前利益	××
9）税金	××
10）純利益	××

2)「営業利益」を見てどれだけの費用がかかっていたのかを知る

　売上から費用を引いたお金を営業利益と言います。例えば、パンを作っているA社が今年500億円の売上を記録したとします。ただ、製品を作るにはさまざまな費用（人件費や原材料費や土地代など）がかかります。こうした営業に必要な費用を売上高から差し引いた利益を営業利益といいます。A社の販売にかかった費用を450億円とすると営業利益は50億円となります。

営業利益＝売上高－費用
費用＝売上高－営業利益

---

3)「営業外利益＆営業外費用」で本業以外の収支を見る

　企業の収益は「モノを売る」ことだけを見ても測れません。なぜなら、グループ企業の株式（投資有価証券）の損益や配当収入・預金の利息・借入金の利息といった収入・支出も存在するからです（これらを営業外利益・営業外費用という）。営業利益に営業外利益・営業外費用を加えると経常利益が出てきます。
　経常利益では注意すべきことがあります。どういうことなのか、例を挙げて説明しましょう
　例年、A社のパンの売上は500億円・営業利益が50億円・経常利益が60億円としましょう（つまり営業外利益が10億円）。ところが今年は株式市場が好調で株高だったとします。当然、A社の持っている株式の価格が上がります。営業外での

利益が株の値上がりで４０億円に増えたとします。すると売上は５００億円・営業利益は５０億円・経常利益は９０億円（営業利益５０億円＋営業外利益４０億円）となるのです。パンは５０億円しか売れていないのに経常利益は９０億円となります。

　このように、経常利益が営業活動の実態からかけ離れた金額になる場合もあるのです。こういうときには注意が必要です。

４）特別損益を見て、当期純利益に影響を与えていないかを知る

　後述するように、損益計算書で当期純利益を見るときに、注意しなくてはいけないことがあります。それは特別損益の存在です。

　特別損益とは特別な理由――火災により大量の商品が燃えてしまった、リコールが出てその対応のために出費が増えた、不動産や投資有価証券から損失が生じたなど――で一時的に発生した利益や損失を指します。

　特別損益が大切な理由、それは、「ＰＥＲやＲＯＥの計算のもととなる当期純利益に影響を与える数字になる」にあります。特別損益の額によって当期純利益が変わってくる＝特別損益の額によってＰＥＲやＲＯＥの値にも影響が出てくる、ということになるのです。この意味で、特別損益は重要と言えます（ただ、一般的には、特別損益を除いてＰＥＲなどが計算されることが多いです）。

　前期と比べて、当期純利益が急激に変化しているときはまず特別損益を調べましょう。そして、次に「なぜ特別損益が発生したのか」を見てください。長期投資の場合、それらを調べた

うえで投資を行うのが適切でしょう。これをうまく使うと逆張りができるかもしれません。

例えば、A社の決算が発表され、当期純利益が大きく減っていたとしましょう。これは半年前にあった工場火災で機械や在庫が失われてしまったからだとわかりました。市場では当期純利益が減ったことを受けて株価が下がっています。しかし、これは一時的なダメージかもしれません。A社が成長性もある魅力的な会社である場合、むしろ株価が安くなってお買いどきかもしれないのです。2～3年後株価が元通り上昇し続ける可能性は大です。このように一時的なダメージを利用して逆張り戦略も立てることができるのです。

5）当期純利益で最終的にどれだけの利益が残ったのかを知る

当期純利益とは、次の式で表されます。

> 当期純利益＝経常利益＋特別利益―特別損失―税金

この式からわかるように、簡単に言うと、当期純利益とは最終的に企業のふところに残るお金を指すのです。

ちなみに、先にもふれたように特別損益には土地などの売却による損益などがあります。例えば、A社が10店舗閉鎖してその土地を売ったとします。するとその売却益が特別利益として当期純利益に加算されるのです。ときには、経常利益が黒字なのに当期純利益は赤字、経常利益が赤字なのに当期純利益が黒字などということも起こります。

売上と営業利益と経常利益と当期純利益の違いがなんとなくつかめてきたでしょうか？
　大切なのは数字ばかりを追いかけるのではなく、その背景を見ようとすることです。『売上は５０億円もあるのに、どうして営業利益が２億円しかないんだろう？　そこで会社のＩＲ情報などを調べてみると原料（Ａ社だと小麦）の値段が上がったからとわかった。じゃあ小麦の値段は来年はどうなるんだろう？　もし下がるようなことがあれば来年のＡ社の利益は回復するから今株価が安いうちに買うのもありかな？』と戦略を立てることができます。

【損益計算書の"どこ"を見るのか　詳細編】
　損益計算書をさらに深く調べると、企業の"いろいろ"がつかめるようになります。以下に主なものを紹介しておきます。

１）利益率を見ることで効率的な経営が為されているかを知る

　経営改革を行っている会社の多くが利益率の向上を目標として掲げています。利益率を知ることは以下の理由で重要です。

◎利益率の良い会社＝無駄な投資をしないなど経営の効率化が図られている
◎売上は変わらずとも利益率が上昇することで株価が上がることもある

急に利益率が上昇した会社は注目してみましょう。きっと何かあるはずです。『原料の価格が下がったのか？　流通がスムーズになったのか？　製品の一元製造管理が可能になったのか？』など、理由を探ることは大切です。四季報・銘柄ニュース・会社ＨＰなどを参考に、ぜひその背景を調べてください。
　なお、以下に各種利益率の式を挙げておきます。

営業利益率＝（営業利益／売上高）×１００
経常利益率＝（経常利益／売上高）×１００

　営業利益率が特に変わっていないのに経常利益率が急激に上昇しているときなどは為替などの金融収支に注目するとよいでしょう。

２）原価率を見ることでどれだけのコストを掛けているのか知る

　製品を作るときには材料のコストがかかります。このコストを原価といいます。つまり、売上の中に占めるコストの比率のことです。
　原価率の低いほうが会社にとって儲けが大きくなることは直感的にわかります。基本的に同業他社と比べてみるのがよいでしょう。利益率が変化している場合にはまずこの原価率を見てみましょう。

> 売上高原価率（％）＝原価／売上高×１００

売上高も原価も損益計算書に掲載されています。

3）販管費を見ることで企業の効率化をさらに調べる

　販管費とは販売および一般管理費のことです。各部門の管理などを行う部門が使う費用のことです。直接生産に関わるわけではないので原価とは別に扱います。経営の効率化がどのくらい進んでいるかを販管費から知ることができます。

> 販管費＝販管費／売上高×１００

この販管費も同業他社と比較して用いることが基本です。

4）増収・増益率を見ることで成長性を知る

　投資するとしたら売上・利益を年々伸ばしているような成長企業がいいはずです。では、どうやったらそんな会社を見つけることができるのでしょうか。
　お答えします。会社の成長を見るには、売上高伸び率・経常利益伸び率を見るとよいのです。先に式を見ておきましょう。

売上高伸び率＝今期の売上高―前期の売上高／今期の売上高
営業利益伸び率＝ ｛(今期の営業利益－前期の営業利益)／前期の経常利益｝×１００
経常利益伸び率＝ ｛(今期の経常利益―前期の経常利益)／前期の経常利益｝×１００

　伸び率ですから数字がマイナスであると、それは前期よりも売上や利益が落ちたことを意味します。伸び率が１００％ということは売上や利益率が倍になったという意味です。数字が大きいほど勢いよく成長している会社であると言えます。
　数字だけを見るのではなくて『どうしてそんなに利益が上がったのか？』という理由にも注目してみましょう。繰り返しになりますが、財務分析で大切なのは数字ばかりを見るのではなくてその背景を知ることです。
　例えば、A社の経常利益伸び率が５０％だったとします。かなりの成長です。このとき、ここで終わりにしないで、A社のＨＰのＩＲ情報をのぞいてみましょう。『どの商品がよく売れたのか？　どの地方でよく売れたのか？　それともコストカットのおかげなのか？　この成長は来期も続くのか？』などを考えてみるのです。このような作業の連続が財務分析のスキルアップに欠かせないことだと思います。

まとめ

◎営業利益＝売上－原価－一般管理費
◎経常利益＝営業利益－営業外損益
◎（税引後）当期純利益＝経常利益－特別損益－税金

◎経常利益では会社がどのくらい儲けたかを総合的にみることができる
→経常利益には金融収支の結果が反映されます。本業の状況をみるということでも営業利益も要チェック

◎利益率が向上した→効率的に経営できている
　営業利益率＝（営業利益／売上高）×１００
　経常利益率＝（経常利益／売上高）×１００
　利益率の変化の背景を調べることが大切

経営利益＝営業外利益＋営業外費用＋特別利益－特別損失

◎原価率―利益率の変化の理由を知りたいとき
◎販管費率―リストラや効率化の進捗状況を知りたいとき
　　→原価率・販管費率とも、同業他社と比較すること
　　→原価率・販管費率に改善があったときは経営の効率化が行われている可能性が高い

◎増収・増益率

第3節 キャッシュフロー計算書

【概要】

　キャッシュフロー計算書とは現金の出入りを表すもので、「営業キャッシュフロー」「投資キャッシュフロー」「財務キャッシュフロー」に分けられます。キャッシュフロー計算書の開示が義務付けられたのは2000年からです。

　貸借対照表や損益計算書と違うのは実際のキャッシュの動きのみを記載する点です。さらに、1年区切りでキャッシュの流れを示すことから、スピード経営を重視するようになった近年、注目されるようになりました。

　先にふれたように、キャッシュフロー計算書は「営業キャッシュフロー」「投資キャッシュフロー」「財務キャッシュフロー」に分けられます。それぞれの見方と使い方を見ていきましょう。

【営業キャッシュフロー】

　3つのキャッシュフローの中で最も重要であると言えます。営業キャッシュフローからは本業でどれだけキャッシュを獲得したかを見ることができます。

　営業キャッシュフローはプラスであることがポイントになります。出てしまったお金よりも入ってきたお金が多い＝営業キャッシュフローがプラスである、ということは本業が黒字であることを意味します。営業キャッシュフローがマイナスである会社＝本業がうまくいっていないことになります。どこか問題

キャッシュフロー計算書

1）営業活動によるＣＦ

税金等調整前当期純利益	××
減価償却費	××
固定資産除売却損益	××
売上債権の増減額	××
たな卸資産の増減額	××
仕入れ債務の増減額	××
退職給付引当金の増減額	××
など	

2）投資活動によるＣＦ

有価証券の取得による支出	××
有価証券の償還による収入	××
有形固定資産の売却による収入	××
有形固定資産の取得による支出	××
など	

3）財務活動によるＣＦ

短期借入金の増減額	××
長期借入金の増減額	××
社債の増減	××
自己株式の取得による支出	××
など	

点があるのかもしれません。

【投資キャッシュフロー】
　投資キャッシュフローの判断は2つに分かれます。
　一般的にはマイナスであるべきだとされています。「マイナスでいい」というのはどういうことでしょうか？　簡単です。例えば、会社が土地を買ったとします。するとキャッシュは外へ出てマイナスになります。でも本来、投資というのは将来会社が拡大するために必要なものなのです。買った土地に工場を建てれば土地代（出てしまったキャッシュ）の何倍もの収入が見込めるかもしれません。だから、投資キャッシュフローがマイナスであるということは、積極的に投資を行っているということでむしろ好評価になるのです。
　一方で、投資キャッシュフローがプラスであることが評価されることもあります。例えば、長い間、不景気が続くと、企業は拡大より縮小戦略を行います。無駄な遊休地を売って現金化したり、工場を閉鎖したりと投資を控えます。すると、資産を売ったキャッシュが会社に入り、投資キャッシュフローはプラスになります。リストラも、企業努力をしているということで評価されることがあります。
　大切なのは『今この会社は投資期にあって行け行けドンドン状態なのか？　それとも回収期にあって企業改革を行っているのか』といった情報を投資キャッシュフローの数字から読み取ることなのです。

【財務キャッシュフロー】

　財務キャッシュフローは少し複雑です。一般に、「株式発行による収入・社債の発行や借入金」があると、財務キャッシュフローはプラスになります。また、「自社株消却（自社の株を自分で買うこと）・社債の償還や借入金の返済」があると、財務キャッシュフローはマイナスになると考えられています。

　設備投資をするときには、投資キャッシュフローがマイナスになるはずです。ところが、大掛かりな設備投資を行ったのに投資キャッシュフローがマイナスにならずかつ増資なども行っていない場合、設備投資のための資金を社債や借入金で補った可能性が高いです。

　営業キャッシュフローがマイナスなのに財務キャッシュフローがプラスである場合が最も要注意です。本業の赤字を借金によって補填しようとしている可能性があるからです。これは良くない兆候でしょう。

　仮に、財務キャッシュフローがマイナスになっている場合、それは負債を減らそうと励んでいる証拠かもしれません。負債の増加は利息負担など経営を圧迫することもあります。財務キャッシュフローの推移からはそのような会社の状態を垣間見ることもできるのです。

　財務キャッシュフローの見方は複雑ですが、最も大切なのは財務キャッシュフローによって入ってきたお金が会社のどこに当てられているか（＝配当を増やしているのか、内部留保に力を入れているのかなど、キャッシュフローの使い道）を見抜くことです。これができるようになると、財務諸表が読めるようになったと言えるでしょう。

第5章　株価指標について

　これまでは『財務諸表』についての紹介でした。ここからは『株価指標』について説明していきます。財務諸表と株価指標の違いは主に株価を考慮してあるかどうかにあります。株価指標の代表的なものとして、ここではPER・PBR・ROA・ROE・配当性向について見ていきます。

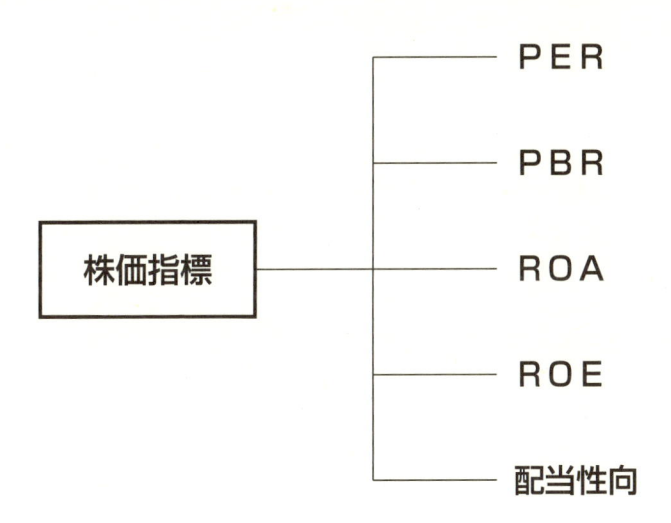

```
                    ── PER

                    ── PBR

        株価指標 ───┼── ROA

                    ── ROE

                    ── 配当性向
```

第1節　PERについて

【PERの概要】

PERは（Price Earnings Retio）の略で日本語で株価収益率といいます。この指標は一般的にその株の『割安度』を示す指標だとされています。

なぜ割安だといいか？　お答えします。それは株で儲ける原則は『安く買って高く売る』にあるからです。業績に対して株価が割安な株は投資家にとって魅力的に映るわけです。最初に仕組みを説明してから式を見ることにします。

【PERの求め方】

あるA社とあるB社を例にして考えてみましょう。仮にA社の当期純利益は2000円・B社は1000円だとします。それぞれの発行済株式総数はA社が100株・B社も100株だとします。すると1株当たりの利益はいくらになるでしょうか？

A社は「2000÷100＝20」、B社は「1000÷100＝10」になります。これを「1株当たり利益（EPS）」と呼びます。

	A社	B社
株価	100円	100円
EPS	20円	10円
PER	5倍	10倍

ＰＥＲはこの『１株当たり利益（ＥＰＳ）』を使って求めます。Ａ社の場合、株券１枚は２０円の利益に当たるわけです。ところが市場では、Ａ社の株は１株１００円で売り買いされており、Ｂ社の株も１株１００円で取引されているとします。１枚２０円で取引されているはずのＡ社の株と１枚１０円の利益に当たるＢ社の株が、今市場では同じ価格（この場合は１００円）で取り引きされているとします。するとどう見ても、Ｂ社の株のほうが割高な気がすると思います。これがＰＥＲの簡単な仕組みです。式にすると以下のようになります。

　　　　　ＰＥＲ＝株価÷ＥＰＳ
　　　　　ＥＰＳ＝当期純利益÷発行済み株式数

【ＰＥＲの使い方】

　さて、ＰＥＲの簡単な使い方を見ていきましょう。先ほどもふれたようにＰＥＲは株価が割安であるかどうかを示す指標です。一般的にはＰＥＲ３０倍が割安であるかどうかの基準であるとされています。

　ただ、一概にＰＥＲの低い銘柄がお買い得であるとは言えません。成長を期待できる会社の場合、その期待感からＰＥＲが自然と高くなります。「将来の成長が期待できるから今のうちに買っておこう」という人が増え、株価がどんどん上がり、その結果、ＰＥＲも上がっていくのです。要するに、成長性が高いと見られる企業のＰＥＲは高くなってもおかしくはないのです。逆に言うと、ＰＥＲの低い企業は「成長性に難あり」と見られている可能性もあるわけです。

　ＰＥＲは、その高低で簡単に企業を分析できない指標ではあ

りますが、見るべきポイントさえ押さえておけば、とても役立つ指標に変わります。そのポイントとは以下の2点です。

●同業他社と比較すること
●その企業が成長を期待されているのかどうかに注目すること

例えば、同業他社と比べてみて、ＰＥＲが低く財務にも問題がないとしたら、その銘柄は割安であると言えます。

ＰＥＲまとめ

◎会社の割安度をみることができる
◎３０倍が基準とされているが同業他社と比較すること
◎業界が成長を期待されているかどうかを調べてみること
◎ＰＥＲ＝株価÷１株当たり利益（ＥＰＳ）
◎１株当たり利益＝当期純利益÷発行株式数

第2節 PBRについて

【PBRの概要】
PBRもPERと同じく割安度を測る指標です。PBRは本来会社を解散したときの価値を測るのに使われていました。

【PBRの求め方】
PBRとは株価純資産倍率です。また、純資産とは自己資本（株主資本）のことで、「純資産＝資産合計－負債合計」の式で求めることができます。

ここで、PERと同じように1株当たりで考えてみましょう。1株当たり純資産はBPSとも呼ばれます。先ほどのPERで紹介した例でいきます。

A社の純資産が10000円、B社の純資産が2000円だとします。発行済株式数と株価はPERの例と同じとします。また、A社の株価もB社株価も100円とします。

このとき、A社の1株当たり純資産BPSは「10000÷100＝100円」、B社の1株当たり純資産BPSは「2000÷100＝20円」となります。あとは株価をこの1株当た

	A社	B社
株　　価	100円	100万円
B P S	100円	20円
P B R	1億	5億

り純資産で割ればいいのです。A社のPBRは「100円÷100円＝1倍」、B社のPBRは「100円÷20円＝5倍」となります。

【PBRの使い方】
　一般的に、PBRの低いほうが割安とされています。先ほどの例で言えば、A社のほうが割安と考えられるわけです。
　PBRの値が高いか低いかも大切ですが、もうひとつ覚えておくべきことがあります。それは『1倍』という基準です。
　一般的にPBR1倍以下の会社は内部留保率が高い。すなわち、現金をたくさん持っていると考えられます。しかも、その会社の株券をすべて買い占めても有り余る資本を持っているのです。このような会社は条件が整えばM＆Aの買収対象となる可能性もあります。

まとめ

◎PBRは株価の割安度を示す指標
◎本来会社の解散価値を求めるための指標
◎基準は『1倍』。1倍以下であると割安であるとされる
◎PBR＝株価÷1株当たり純資産（BPS）
◎1株当たり純資産＝純資産÷発行株式数

第3節　ROEについて

【ROEの概要】

ROEとは（rate of Return of Equity）の略で日本語では株主資本当期純利益率といいます。最初に式を挙げましょう。

> ROE＝当期純利益÷株主資本

で求めることができます。

【ROEの使い方＝数値が高いほど優秀】

ROEとは、ひとことで言うと『株主から集めたお金を使ってどのくらい効率的に稼いでいるか』を見るための指標です。一般的に、ROEの数値が高ければ高いほど良いとされています。ROEが１０％以上の企業は優秀であると言われています。

例えば、A社とB社は自動車を作っているとします。それぞれ『これから、新車開発用に資本が必要になったので株を発行します！』となったとします。そして、それぞれ１０億円集まったとします。この１０億円が株主から集めたお金（株主資本）

	A社	B社
当期利益	１億円	１０００万円
資本金	１０億円	１０億円
ROE	１０％	１％

です。そして、新車を開発し、販売したところ、A社は1億円、B社は1000万円の当期利益になったとします。

 さて、あなたならどちらの会社が優秀だと思いますか？ おそらく直感的にA社だと思うでしょう。その通りです。A社のほうが株主資本を効率的に利用して儲けることができたと言えるでしょう。

 このような考え方の結果がROEに表れているのです。つまり、A社のROEは10％、B社のROEは1％という具合に、一目で効率性がわかるのです。

 ちなみに、外国人投資家の多くはこのROEの高さを重視する傾向にあります。近年、外国人投資家の大きな影響や、株主重視の傾向が出てきて日本でもROEが注目されるようになりました。ROEが株価を左右することも出てくるようになりました。

まとめ

◎ROE＝当期純利益／株主資本
◎効率的に株主資本が活用されているかをみる指標
◎株価を左右する重要な指標
◎同業他社との比較を忘れずに

第4節　ROAについて

【ROAの概要】

ROAは総資産に対してどれだけ利益を上げることができたかを判断する指標です。企業経営は投資と資本調達に基づいたものなので、根本的な投資収益性を表すROAは必ずチェックしなければならないものです。なお、ROAは以下の式で表されます。

$$ROA＝利益÷総資産$$

【ROAの使い方】

下記の図を見てください。

	利益	投入資産	ROA
企業A	１万円	１０万円	１０％
企業B	１万円	１００万円	１％

　企業Aは１万円稼ぐために１０万円使っていますが、企業Bは１万円稼ぐために１００万円も使っています効率的な経営をしているのはA社のほうだというのは一目瞭然でしょう。
　この例からもわかるように、ROAが高い企業は、所有する資産に対して十分な利益を生み出している企業である＝投資に

適した優良企業であると言えます。

逆に、ROAが低い企業は一般的に自己の生み出す利益が十分でないため、有利子負債に頼る傾向があります。ただし、ROAが低く、有利子負債依存率が高くても、その企業が行っている事業が急成長の途上にあり、将来大幅な利益拡大に繋がることが見込めれば、その企業は投資対象となりうることもあります。

まとめ

◎ROA＝利益÷総資産
◎効率的に総資産が活用されているかを見る指標
◎投資に適しているかどうかの判断材料になる
◎同業他社との比較も可能

第5節　配当性向・配当利回り

【配当性向・配当利回りの概要】

　株から得られる利益として「キャピタルゲイン（値上がり益）」と「インカムゲイン（配当収入）」の2つがあります。このうちインカムゲイン（配当収入）は業績が悪化して減配や無配、もしくは倒産という事態にならない限り、利益を得る方法としてはかなり堅実なものと言えます。

　このインカムゲイン（配当収入）に注目した指標として、「配当利回り」があります。式は以下で表されます。

> 配当利回り（％）＝（1株あたり配当金／株価）×100

【配当性向・配当利回りの使い方＝キャピタルゲインを狙うか、インカムゲインを狙うか】

　例えば、株価300円の株を1株持っていて、3円の配当金が出るとします。このとき、この株の配当利回りは1％ということになります。

　会社が株主に還元する方法としてキャピタルゲインとインカムゲインがあります。一般的に成長企業の配当金は0か非常に少額です。代わりに、成長とともに株価が上がっていき投資家は利益を得ます。一方、電力会社などの安定企業は配当金を厚くすることで投資家に報いようとします。

　このように2つの種類があることを覚えておきましょう。あ

なたは果敢に値上がり益を取りにいきますか？ それとも配当金で着実に利益を増やしていきますか？ 戦略に沿って利用してみてください。

まとめ

◎配当利回り＝（1株当たり配当金／株価）×１００
◎確実かつ堅実に配当をもらいたい人は配当利回りを見て
◎利回りのいい銘柄を買うのがオススメ

SPECからのコメント

材料が株価を動かす？

　みなさんは原油先物についてのニュースを見聞きしたことがあると思います。WTIと呼ばれる原油の値段が上昇し続けたというニュースです。原油価格は企業の業績にどのような影響を及ぼすでしょうか？　例えば海運・陸運・空運などの企業にとっては原油価格が上がること＝燃料費の上昇を意味して費用がかさむことになります。このように材料の価格に影響を受ける企業や産業があるのです。２００５年１１月中旬『金（きん）』の価格が２０００円を超えました。このニュースを受けて金を取り扱う企業の株価は上昇しました。ほかにも銅・小麦・先物など、多くの原料の価格が企業の業績にプラスマイナスをもたらすのです。

　資源や先物の価格に影響される企業としては２タイプあると思います。ひとつはその資源の取引を仲介する会社です。石油なら新日本石油やコスモなどの会社。金なら住友金属鉱山のような会社。これらの会社の株価は一般的には資源・先物価格が上昇すればそれに伴い上昇するようです。２つ目は資源を使って営業している会社。例えば、先ほどの陸運・海運・空運各社などが当てはまります。

　銘柄を調べるときには値上がり・値下がりといったことだけでなく、「この会社は主にどんな資源を使っているのだろう？原料の値段が今後上がるらしいから業績が悪化するのではないか？」というように考えることも大切だと思います。

　材料まで考えると、「今度は中国の経済発展に伴う資源需要の高まり」的なことを調べることもあるでしょう。銘柄研究はとどまることがないですね。

第2部

試験があったとしたら出るかもしれない テクニカル分析

第2部で解説するのは、テクニカル分析です。ここでも、第1部同様、「もし、テクニカル分析という科目があったとしたら何を覚えるべきか」を念頭に、必要最低限のことをまとめてみました。さらに詳しいことが知りたい方は専門書を読んで理解を深めてください。

第1章　テクニカル分析について

【テクニカル分析とは】

　テクニカル分析とは、主にチャートから株価の動きを予想しようとする手法です（ファンダメンタルズ分析が企業の業績に注目するのに対して）。ファンダメンタルズ分析で中長期的に有望な銘柄を探し出し、テクニカル分析でタイミングをはかって買値を決めるとよいでしょう。

　テクニカル分析を知るに当たって、覚えるべきキーワードがいくつかあります。以下、順に説明していきます。

キーワード1　　　チャート

　株価チャートというのは下図のことを指します。チャートは日々の株価の動きを表したものです。ここからは実に多くの情報を得ることができます。

キーワード2　　　ローソク足（罫線）

　チャートに描かれている白い線や黒い線はローソク足と呼ばれます。株価が上がった時は陽線（白や赤）、株価が下がると陰線（青や黒）となります。
　またローソク足にはいくつかの種類があります。具体的に言うと、日足・週足・月足の3種類があります。罫線1本が1日の株価の動きを表しているものを日足。1週間の動きを表しているのなら週足。1ヶ月の動きを表しているのなら月足となります。週足の場合は、罫線が表す始値は通常月曜日の午前9時の株価（月曜日が祝日なら火曜日）となり、終値は金曜日の午後3時の終値となります。
　またローソク足の飛び出している線はヒゲと呼ばれます。『上ヒゲ』『下ヒゲ』のように、ヒゲからはその日の高値や安値がわかります。

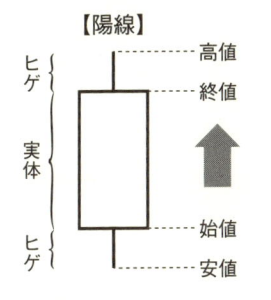

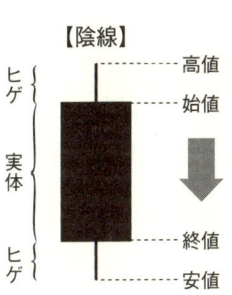

【陽線】　　　　　　　　　　【陰線】
ヒゲ／実体／ヒゲ　高値・終値・始値・安値　　ヒゲ／実体／ヒゲ　高値・始値・終値・安値

キーワード3　　　　トレンド

　株価が大きく動くとき、株価はトレンドを形成します。トレンドには上昇トレンドと下降トレンド、ボックストレンドがあ

ります。上昇トレンドでは陽線が多くなります。また、株価は上がり続ける傾向にあります。下降トレンドでは陰線が多くなります。また、株価は下がり続ける傾向にあります。ボックストレンドでは、株価は上下するものの、上昇とも下降ともとれないほぼ平行線の動きをします。

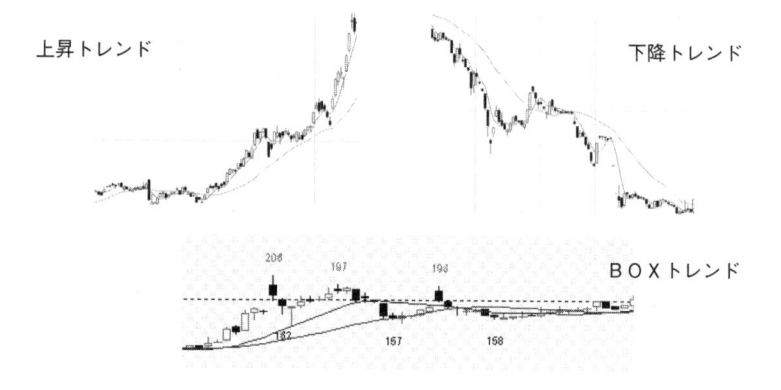

上昇トレンド

下降トレンド

ＢＯＸトレンド

キーワード4　　押し目と戻り

　上昇トレンドといっても、株価がずっと上がり続けるわけではありません。ある程度上昇したところで調整が入り、株価は下押しされます。しかし、上昇トレンドでは、いったん株価が下落してもその後に再び上昇を開始し、前回の高値を更新することがよくあります。この上昇トレンド中に、一時的に下落することを押し目と呼びます。上昇トレンドでは、この押し目買いをして、高値を更新したところで売る戦略が広く一般的に知れわたっています。

　一方、下降トレンドでも、株価がずっと下がり続けるわけではありません。ある程度下落したところで、一時的に株価は上

昇します。この一時的に株価が上昇することを戻りと呼びます。下降トレンドでは、いったん株価が戻ってもその後に再び下落し、下値を更新することがよくあります。

　ただ押し目のタイミングや期間がどのくらいなのかということを予想することが非常に難しいのです。そのために移動平均線乖離率を用いたり、オシレーター系指標を用いたりとさまざまな工夫がなされています。

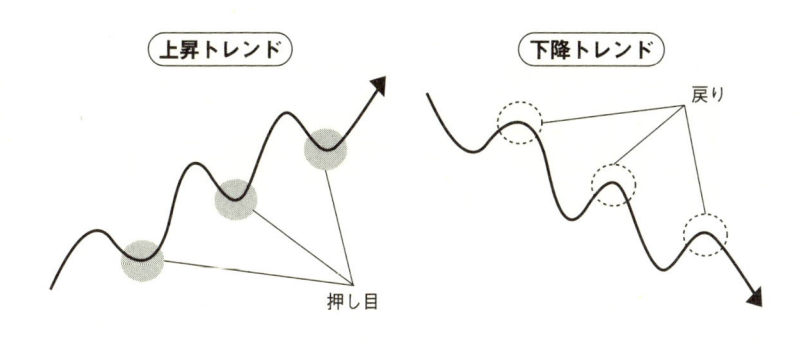

上昇トレンド　　　　下降トレンド

戻り

押し目

まとめ

◎チャートから株価の動きを予想するテクニカル分析はファンダメンタルズ分析と組み合わせて用いるとよい
◎チャートとは、ローソク足をある一定期間集め、株価の推移を表したグラフである
◎相場の動く方向や傾向をトレンドといい、上昇トレンド、下降トレンド、ボックストレンドに分類される
◎上昇トレンドにある銘柄は押し目買いがセオリー

第2章 テクニカル指標とは

【概要】
テクニカル指標はテクニカル分析をするときに用いられるものです。数多くのテクニカル指標がありますが、大きく3つのグループに区別されます。

1) トレンドフォロー系
相場の方向性や大局を掴むのに適します。主に、順張りをするときに使われます。

2) オシレーター系
短期的な相場のブレを計るのに適しています。また、逆張りをするときにも使われます。

オシレーター系指標とは株価の上下に注目し数値化する分析方法です。オシレーター系指標は主に％で表示されます。最大の特徴は『買われすぎ』『売られすぎ』を示して買いシグナル・売りシグナルを知らせてくれることにあります。

3) その他
トレンドフォロー系やオシレーター系を補完する指標です。

オシレーター系

トレンドフォロー系

これらを補完する、その他のテクニカル指標

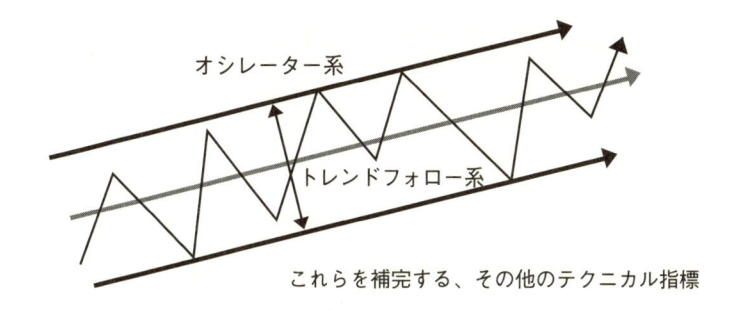

【テクニカル指標は完全ではない】

　テクニカル指標を使うときに注意することがあります。それは、完全無欠のテクニカル指標は存在しないということです。これからいくつかのテクニカル指標をご紹介しますが、それぞれ、一長一短があるので、どれかひとつに頼りすぎないようにしてください。

　オーソドックスな作戦としては、トレンドフォロー系でトレンドを掴み、オシレーター系を用いて下ブレしたときに買うのがよいかと思います。また、その他のテクニカル指標も補完する形で用いるとより自信がもてるでしょう。

まとめ

◎テクニカル指標は大きく分けて、トレンドフォロー系、オシレーター系、その他に分けられる

◎それぞれ一長一短があるので、うまく使い分けなければいけない

第3章 代表的なテクニカル指標について

　本章では、代表的で、かつ使いやすい指標を紹介します。テクニカル指標には、ここで紹介する以外にもたくさんあります。

第1節　移動平均線

【概要】
　移動平均線は、過去の一定期間の株価（終値）の平均値を折れ線グラフにしたものです。これは、トレンドの方向性を教えてくれます。移動平均線が右上がりなら上昇トレンド、右下がりなら下降トレンドと判断されます。
　一般的には、５日移動平均線（１週間分の動き）、２５日移動平均線（１ヶ月分の動き）、１３週移動平均線（３ヶ月分の動き）、２６週移動平均線（６ヶ月分の動き）という４つの移動平均線を使います。

【使い方】
　移動平均線の主な使い方はゴールデンクロスとデッドクロスです。

１）ゴールデンクロス
　トレンドが転換するサインとして、ゴールデンクロスとデッ

ドクロスというものがあります。

　ゴールデンクロスとは、短期の線が長期の線を上へ突き抜けることをいいます。例えば、２５日平均線が７５日平均線を下から上へ突き抜けるような場合はゴールデンクロスとなります。ゴールデンクロスが起きると、今後の株価の先高期待が大きいと言えることから、買いのチャンスとなります。ただし、必ずしもトレンドが転換するとは限りません。あまり信じすぎないように注意してください。

２）デッドクロス

　デッドクロスとは、ゴールデンクロスとは逆に、短期の線が長期の線を下抜けることをいいます。例えば、２５日平均線が７５日平均線を上から下へ突き抜けるような場合はデッドクロスとなります。デッドクロスが起きたときには、基本的には売りです。

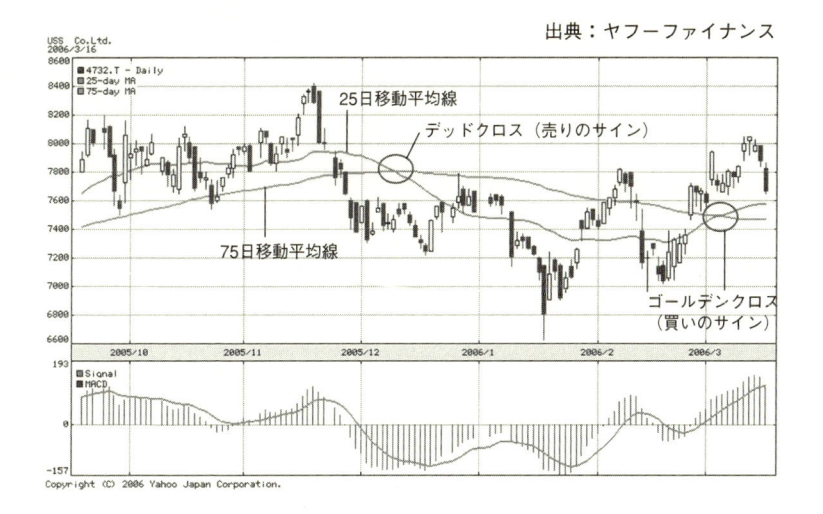

出典：ヤフーファイナンス

【注意点】

　簡単なので利用しやすい指標ですが、ゴールデンクロス（またはデッドクロス）が発生した時点ではもう上昇している（または下落している）という、いわゆる遅効性があります。

まとめ

◎移動平均線の特徴は「その動きでトレンドを掴むことができる」にある

◎ゴールデンクロスとデッドクロスはトレンドの転換点となる場合が多い

◎最も一般的なテクニカル指標で、すごく使いやすい長所がある反面、遅行性が高いという短所もある（ゴールデンクロスが起きた後に買ってもすでに値上がりしていて遅い場合が多いなど）

第2節　MACD

【概要】

　MACDは、移動平均線にオシレーター系の要素を取り入れたテクニカル指標です。MACDは2本の移動平均線の乖離線です。売買サインをわかりやすくするため、「MACD」のほかに「MACDシグナル」という補助線を引いているところに特徴があります。要するに、「MACD」と「MACDシグナル」という2本の折れ線グラフが用いられているわけです（65ページの上の図参照）。この指標の特徴は「移動平均線のゴールデンクロスやデッドクロスよりも早く相場の転換を知らせるサインが出てくる」にあります。

【使い方】

　一般的な使い方として、以下の通りです。

◎MACDがMACDシグナルを上に突き抜けたら買い
◎MACDがMACDシグナルを下に突き抜けたら売り

【注意点】

　だましが多いので、「MACDがMACDシグナルを上に突き抜けたら買いだ」と単純に考えずにほかの指標も参考にすること。あくまでも目安として利用すること。

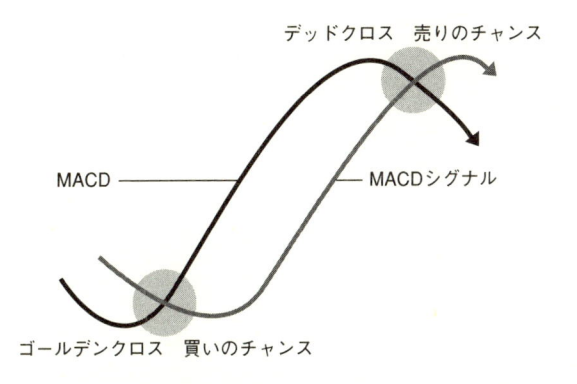

デッドクロス　売りのチャンス

MACD ──────　────── MACDシグナル

ゴールデンクロス　買いのチャンス

出典：ヤフーファイナンス

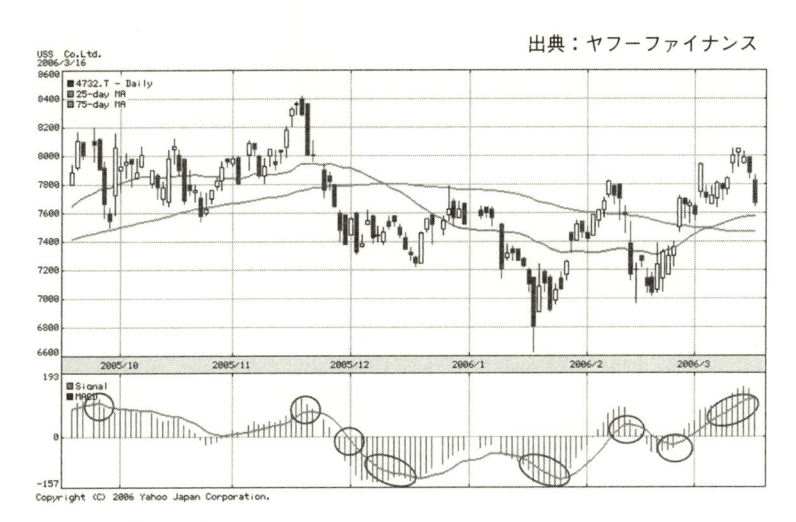

【上のチャートのポイント】
◎MACDのほうが、移動平均線のゴールデンクロスより売買サインが多い。
◎MACDのほうが、移動平均線よりだまし（売買サインとは逆に相場が動くこと）が多い。
◎MACDのほうが、移動平均線より先行して売買サインを知らせる。
◎この図だけで見ても、いくつか売買ポイントがあり、この指標だけを見て買いや売りを判断しないほうがよい。

まとめ

◎MACDは移動平均線にオシレーター系の要素を取り入れたテクニカル指標で、相場の転換を早く知らせてくれる

◎「移動平均線より先行して売買サインを知らせてくれるので、値上がる前に仕込める」という長所がある反面、「移動平均線よりだましが多くなる」という短所もある

第3節 RSI（相対力指数）

【概要】

RSIはオシレーター系のテクニカル指標で、いわゆる「買われすぎ」「売られすぎ」を示します。RSIはラインが1本しかないので、株を始めたばかりの人にもわかりやすいでしょう。見方も非常に簡単です。

【使い方】

一般的な使い方は以下の通りです。

◎RSIが30％以下のときには「売られすぎ」と判断、この線を上に突き抜けてきたら買いのサイン
◎RSIが70％以上のときには「買われすぎ」と判断、この線を下に突き抜けてきたら売りのサイン

例えば、2006年の2月中旬、新興市場の株がこれでもかと売られ、大きく下落しました。このようなとき、RSIを見れば、「今が売られすぎなのかどうか」が主観的ではなく客観的にわかります。

【注意点】

RSIが売られすぎのゾーンに入っているからといって信じすぎないこと。あくまでも目安にすること。

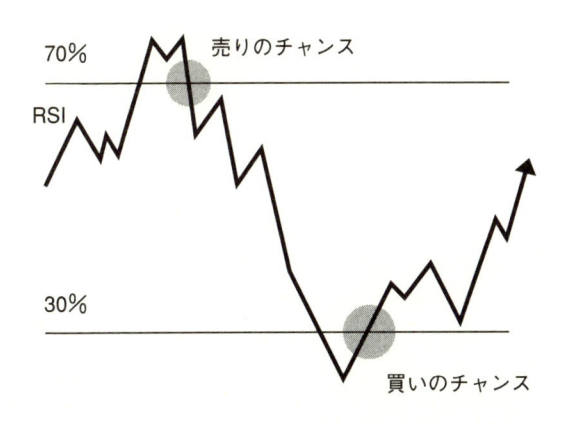

【上のチャートのポイント】
◎サインが出た通りに売買すると成功している。
◎１２月下旬から「買われすぎ」のサインがずっと出ているのに、株価は上がり続けた。つまり、だましが発生したということ。

まとめ

◎RSIは「売られすぎ」「買われすぎ」を客観的な数字に表したテクニカル指標

◎30％以下から上に突き抜けたときに買い、70％以上から下に突き抜けたときに売る

◎「シンプルでわかりやすい」長所がある反面、「それなりにだましがある」という短所もある

第4節　ストキャスティクス

【概要】
　ストキャスティクスもＲＳＩと同じく、『買われすぎ』『売られすぎ』を判断する指標です。違うのは計算方法とラインが3本（％Ｋ・％Ｄ・ＳＤ）あることです。ラインの組み合わせによって、以下の3つに分かれます。

1）fast stcastics（ファスト・ストキャスティクス）
　％Ｋと％Ｄが使われます。サインが早く出ることからファスト・ストキャスティクスと呼ばれています。「Ｆａｓｔ」の文字通り短期的な動きに敏感に反応します。

2）slow stcastics（スロー・ストキャスティクス）
　％ＤとＳＤが使われます。サインが少し遅れて出ることからスロー・ストキャスティクスと呼ばれています。「ｓｌｏｗ」という言葉からイメージできるように、一定の持続的トレンドに反応します。

3）all（全て　表示されるチャートもあれば表示されないチャートもある）
　％Ｋと％ＤとＳＤが使われます。

　なお、「Ｆａｓｔ」と「ｓｌｏｗ」については、どちらがより役立つという視点ではなく、投資スタイルに合わせて使い分けるとよいでしょう。

【使い方】
　一般的な使い方は、以下の通りです。

◎「％K」が「％D」を２０％以下で上に突き抜けてきたら買い
◎「％K」が「％D」を８０％以上で下に突き抜けてきたら売り

　ストキャスティクスでは、一般的に８０％以上で買われすぎ、２０％以下で売られすぎとされています。ただ、その範囲ですとゾーンが大きすぎるため、７０％以上・３０％以下と覚えておくとよいでしょう。

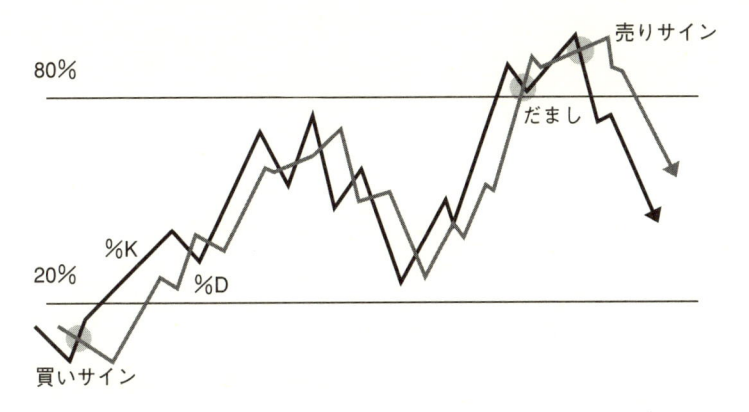

【注意点】
　ストキャスティクスはオシレーター系のテクニカル指標の中でも、株価の動きに敏感に反応します。それゆえに、売買サインが多く出ますが、それだけだましも多くなります（特に上昇トレンドや下降トレンド）。ストキャスティクスだけで売買の判断はしないようにしましょう。

出典：ヤフーファイナンス

買われすぎゾーン

売られすぎゾーン

まとめ

◎ストキャスティクスはRSI同様、「売られすぎ」「買われすぎ」を客観的な数字に表したテクニカル指標
◎「％K」が「％D」を２０％以下で上に突き抜けてきたら買いで、８０％以上で下に突き抜けてきたら売る
◎「ボックストレンドのときは絶大な威力を発揮する反面、上昇トレンドや下降トレンドではだましがかなり多い

第5節　一目均衡表

【概要】
　一目均衡表は相場のバランスを視覚的に表したチャートです。以下の5本の線で構成されています。

①転換線
②基準線
③先行スパン1
④先行スパン2
⑤遅行スパン

【使い方】
◎基準線はトレンドを表すものです。
◎転換線が基準線を下から上へ突き抜けるのを『好転』と呼びます。これは買いシグナルと言えるでしょう。反対に、転換線が基準線を上から下へ突き抜けるのは『逆転』と呼ばれます。これは売りシグナルと言えます。
◎先行スパン1と先行スパン2の間の部分を『雲』と呼びます。あるときの相場が『雲』よりも上にあれば『押し目買い相場』、下にあれば『戻り売り相場』となります。さらに、一度突き抜けると『雲』の上側が押し目の下値支持線になります。逆に下に突き抜けると『雲』の下側が上値抵抗線になります。
◎転換線は基準線との位置関係で用います。転換線が基準線を上回っているときはゴールデンクロスと同じように考え、下回

っているときはデッドクロスと同じような考えでいいでしょう。

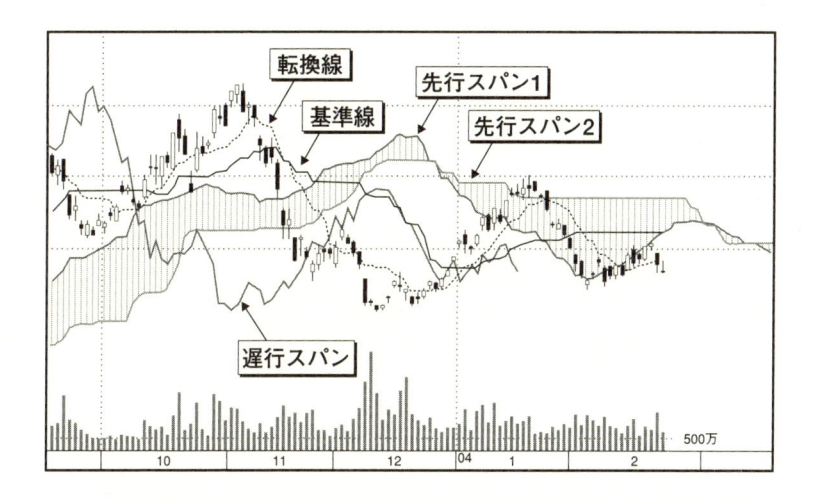

(チャート図：転換線、基準線、先行スパン1、先行スパン2、遅行スパン)

一目均衡表、まとめ

◎雲の上抜け：抜いた雲が支持帯となり、上昇トレンドに変化
◎雲の下抜け：抜いた雲が抵抗帯となり、下降トレンドに変化
◎遅行スパンの好転：上昇トレンドに変化
◎遅行スパンの逆転：下降トレンドに変化
◎転換線が基準線を上抜ける：ゴールデンクロス
◎転換線が基準線を下抜ける：デッドクロス

第6節　ボリンジャーバンド

【概要】

　ボリンジャーバンドは、移動平均線の上下に一定期間の標準偏差を表したテクニカル指標です。簡単に言えば、予測不可能な事故が起きないかぎりボリンジャーバンドの範囲内で株価は動くと予測できるということです。標準偏差⇔株価のブレ幅と考えるとわかりやすいです。標準偏差は±1σと±2σが用いられるのが一般的で、統計学的に、ローソク足は±1σに68％、±2σに95％収まるとされています。以下の図のように、移動平均線の上下にラインを引きます。

ボリンジャーバンドを突き抜けて株価が上昇　⇔　何か予測不可能な事態が起こっている！！

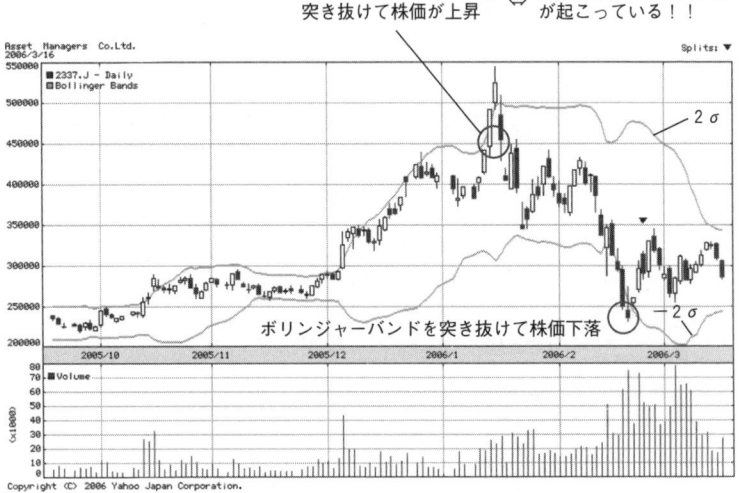

ボリンジャーバンドを突き抜けて株価下落

出典：ヤフーファイナンス

【使い方】

　使い方は、以下の通りです。

◎ローソク足が±2σより外に出たときに、統計学を信じて、逆張りを仕掛けるとよい。つまり、+2σを上に抜けたときには売り、-2σを下に抜けたときには買い。
◎±2σを突き抜けるというのは、それだけ相場が強いか弱いことを示しています。つまり、中長期的には、売買サインの逆に動きやすいという特徴もあります。オシレーター系と組み合わせて短期勝負で使いとよいでしょう。

出典：ヤフーファイナンス

【注意点】
　使い勝手の良いボリンジャーバンドですが、ほかの指標と同じく、以下のような注意すべき点もあります。

◎だましがそれなりにある。
◎業績下方修正などの株価の下落で、ボリンジャーバンドによる逆張りをすると、痛い目に遭う。

> **まとめ**
>
> ◎ボリンジャーバンドは、統計学を用いた逆張りのテクニカル指標。短期で勝負するとよい
> ◎「使い方が簡単」「割と勝率は高い」という長所がある反面、「だましがそれなりにある」「業績下方修正などの株価の下落で、ボリンジャーバンドによる逆張りをすると、痛い目に遭う」という短所もある

第7節　出来高

【概要】
　出来高とは1日や1週間に売買されて約定した株の取引量のことです。出来高が多いと大商いなどと呼ばれ、株式市場が活性化している証拠とされます。
　『出来高が多い＝その銘柄に注目している人が多い』ということで今後の予想を立てるのにも重要です。

【使い方】
　出来高の使い方は以下の通りです。

◎個別銘柄では『出来高が多い＝その銘柄に注目している人が多い』と読み取ることができる＝今後の株価の動きを予想する判断材料に使える。
◎株価が下落してきたところで急に出来高が上昇しているとそこでトレンドが反転するシグナルであるとも一般的には言われている。
◎普段、出来高の少ない銘柄の出来高が急増しているときは要注意。何かがあるとき。

【注意点】
◎たまに理由もなく、出来高が急増して株価も上昇することがありますが、これは仕手である可能性が高いので要注意。かなりリスクを伴うので手を出さないほうが無難です。

出典：ヤフーファイナンス

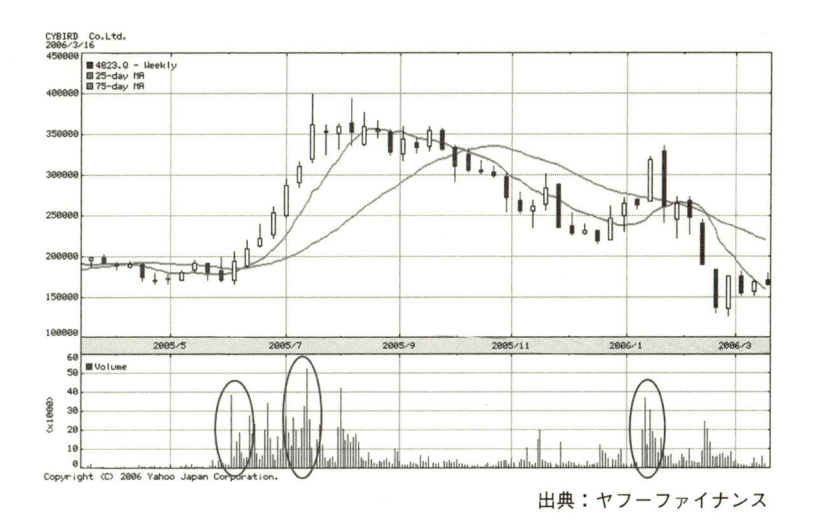

出典：ヤフーファイナンス

83

まとめ

◎出来高は株の取引量のことで、急増すると株価も上がることが多い
◎出来高が急増したときは、理由を調べ、特に理由がない場合は手を出さないほうが無難
◎出来高がだんだん減ってきたら、注目されなくなり、後に株価が下がることが多い
◎長所：ほかの指標の補完として使うと威力を発揮
◎短所：出来高急増で買うと高値掴みすることも多い

第3部

慶応大学投資クラブ SPECメンバーの投資日記

郵政民営化あり、
ヘラクレスの気配値一本化あり、
ジャスダックのシステム障害あり、
東証のシステム障害もあり……。

第3部では、２００５年8月〜１１月にかけての私たちの取引を日記風に紹介します。投資経験の浅い私たちには、皆さんに「ノウハウ」を教えることはできません。しかし、経験したことならお伝えすることができます。

私たちは、皆さんが"やってしまうであろう"失敗や成功を皆さんの代わりに経験したつもりです。私たちの経験を参考に、真似てはいけない部分は自分への警笛として心にとどめ、"これは！"と思う部分があればぜひ実践してみてください。

慶応大学投資クラブSPEC所属

現役女子大生☆芳川諒子☆の
超初級☆投資日記

📝 10月4日

★さぁ、初投資！

　環境省が推進するウォームビズ（WARM　BIZ）は、「寒い時は着る」「過度に暖房機器に頼らない」というアイディアを掲げています。そこで、私は「寒いときは着る」の「着る」に着目しました。この冬、人々は暖かい服を例年以上に買うと予測できます。また、雑誌やテレビでも、ウォームビズが大きく取り上げられていました。こうしたメディアの影響もあり、たくさんの人が繊維業界に関心を寄せているのは間違いない？以上の理由から、アパレルメーカーの株価が上がると判断♪

　次にアパレルメーカー、繊維関連会社の株価を調べました。量販店向けアパレルメーカーのシルバーオックスや、シキボウ、富士紡績の株価はすでに上がっていました。どの銘柄を買うか悩みましたが、この３つの会社の中で、私の投資額２０万円で買える銘柄はシキボウだけでした。

◎シキボウを１９８円で１０００株買う

買い

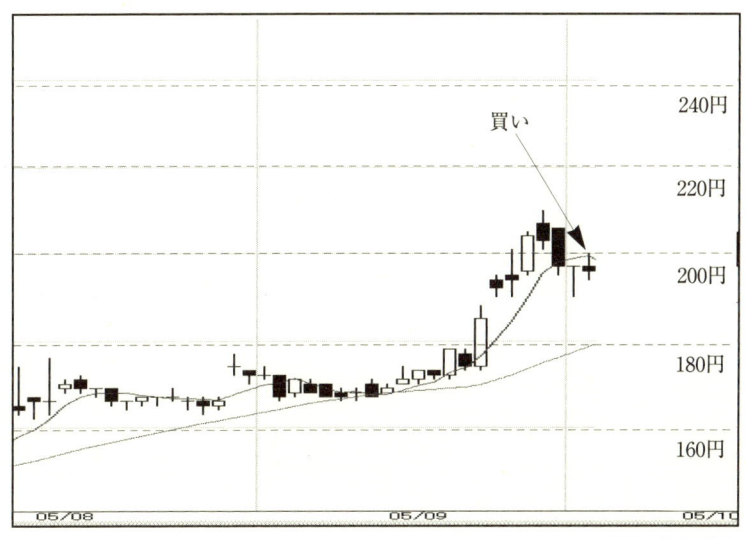

240円
220円
200円
180円
160円

05/08　05/09　05/10

10/4　シキボウ

ＳＰＥＣからのコメント

　ちなみに…クールビズの経済波及効果は夏は１０００億円、ウォームビズは２３００億円らしいです。夏の２倍儲かる予測が出ているってことは、株価も上がるのでは！？　芳川さん、いいとこに目つけてますね。ただ、もう少し詳しく言うと、「ウォームビズ効果で、シキボウは予想よりどのくらい売り上げが増えるのか」を調べないと、株価が上がるかどうかはわかりませんよ。株価は業績に基づいて形成されるわけですから。

✏️ 10月18日

★シキボウ保有

シキボウを買ってから約2週間、初めて株価が上がりました。嬉しい!! 7000円の利益です。

✏️ 10月19日

★今日もシキボウ保有

おおお!! 今日、シキボウの株価を見たときに思わず感嘆の声を上げてしまいました! 21万2000円になってる〜。買値が19万8000円だったので、なんと1万4000円の利益! 売買時の手数料525円×2=1050円。現在の値21万2000円—手数料1050円=21万0950円。210万950円—19万8000円=1万2950円の純利益!! すごい! お小遣いになった! でもとりあえず、もっと上がるかもしれないので明日まで様子をみよう。

✏️ 10月20日

★シキボウ売る(約定なし)

今日シキボウを売ろうとしましたが、買い手がいなくて約定できず。残念。ちなみに今日の株価も212円。前日と変わらず。最近、株式投資が楽しくなってきました。元金がもっとあ

ればいいのに～。

10月24日

★やったぁ！　へへへ

　やっと約定！！　1万4000円の利益が出ました。初めての投資にしては上出来！？

```
                                    買い    売り
                                                        240円
                                                        220円
                                                        200円
                                                        180円
                                                        160円
              05/09              05/10
                                        10/23　シキボウ
```

> **SPECからのコメント**
>
> 初めて買った株で、しかも20万円から始めて2週間あまりで、いきなり1万4000円も稼いでますね。なかなかのものです。

📝 10月25日

★次のターゲットはセシール！

　北海道から初雪の便りが届き、本格的な冬も目前。冬と言えば女性にとって下半身の冷えは禁物です。そこでストッキングの売り上げを狙いました。どうなるでしょう？　シキボウ株で成功したように、セシールも上昇気流に乗ってほしいっ！

◎セシール１００株１３６０００円で買う

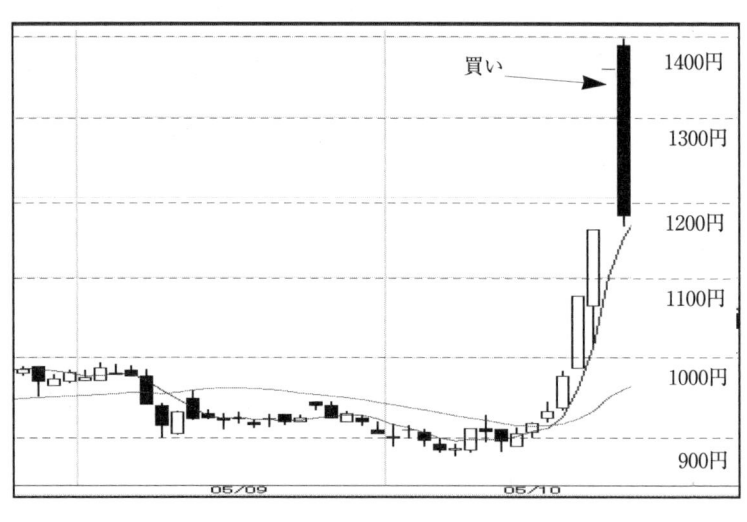

10/25　セシール

> ### ＳＰＥＣからのコメント
>
> 「寒くなったらストッキングの売り上げは伸びる」ていうのはわかるけど、『セシールの売り上げはそれで上がるのか？ 予測済みのことで、売り上げには変化はないのでは？』ということも考えないと。株が上がるニュースとは『寒波が予想以上！ストッキング売り上げ例年以上に拡大！』というような、株価に織り込まれていないニュースです。

📝 １０月２６日

★ショック〜〜

　現在１１万７８００円。ええ？　かなりの損益です。１３万６０００円−１１万７８００円＝１万８２００円下がった。株って怖いですね。始めたばかりで株の怖さを実感。

📝 １０月２７日

★セシール売りに出す（約定）

　ちょっと待って。また下がった。ただいまの株価は１１万２３００円。損失額は２万３７００円。２万３７００円÷１３万６０００円×１００＝１７（％）の損。ありえない。売ります。昨日の段階で１３％の損。１０％以上の損だったので、売っておけばよかった。

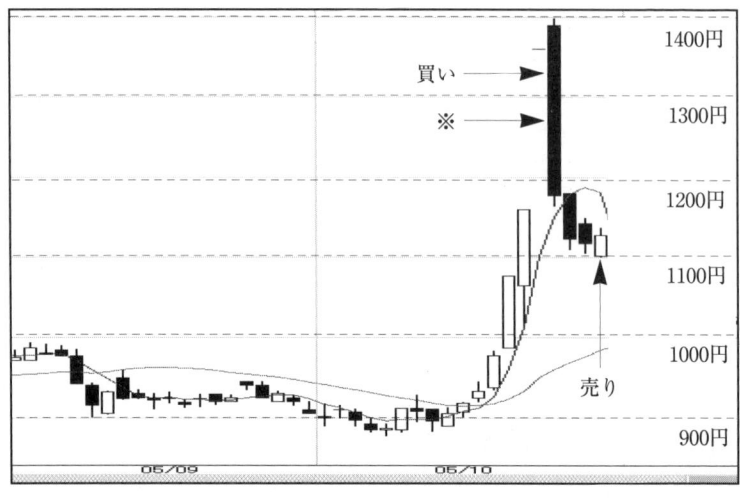

10/27 セシール

SPECからのコメント

「今回の失敗は、リサーチ不足と買い時をミスしたことですね。チャートの「※」で買ったのはまずかったのでは？ チャートは買いや売りのタイミングを見るときに使うもの、もう少し様子を見てから買えば良かったのに……。

📝 １０月２７日

★雪国まいたけに狙いを定める

　雪国まいたけを５５５円で２００株、買い注文。日に日に寒さが増しているので、お鍋を囲みたくなる。需要が増えると読んで、買ってみようと。

📝 １０月２８日

★雪国まいたけ、約定

　良かった、無事買えました！！上がれ〜上がれ〜。もう神頼みのみです。

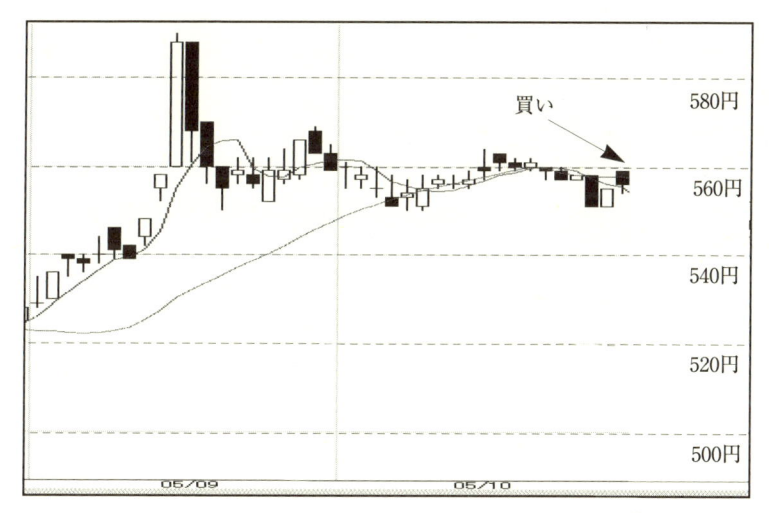

10/28　雪国まいたけ

◎雪国まいたけを５５５円で２００株購入

📝 １０月２９日

★休み？
　今日は市場が静か？　今更ながらに不安になってきました。さて、まいたけ、需要は増えてくるのでしょうか。

📝 １０月３０日

★テヘッ（笑）
　株式市場って土日、休みなのね。忘れてた……。

> **SPECからのコメント**
>
> ……。株式市場は、土日祝日は休みだって！　さて、２００４年のまいたけ生産量は減少。２００５年のまいたけは単価も安くなっているらしいです。ホクト（１３７９）はエリンギを主に扱う会社だから、そこにも注目してみても面白かったかも！

11月2日

★雪国まいたけ保有
　—2000円。ショック。さっき、フジテレビで松岡修造がおいしそうに「まいたけ」食べていました！　明日株価上がったりしないかなぁ……。

11月4日

★雪国まいたけ保有
　—1600円です。株価が下がり気味だったので、これはお買い得とばかりに買った人が増えたのか、前日より400円アップです。嬉しい！！　このまま上がり続けて、プラスになることを願います。

11月8日

★雪国まいたけ保有
　—3000円。おいおい、またもや下がってしまいました……。これは、明日あたりに売ったほうがよさそう。今日は暑かったので、鍋料理を食べたい＝まいたけ株アップの方程式は成り立たなかったみたい。

✏️ 11月14日

★雪国まいたけ売り（未約定）

　５４４円で売りに出しました。あまり動きがないから、面白くないので売りたくなりました（笑）。

✏️ 11月15日

★雪国まいたけ売り約定

　５４４円で約定。良かった。これで次の銘柄にいけます。今のところ２０万元金で、現在、１９万……。取り返したいと思います。

◎雪国まいたけを５４４円で２００株売却

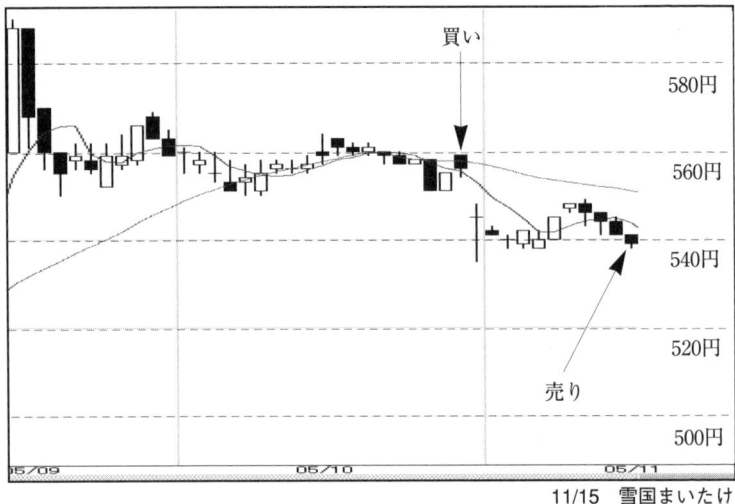

11/15　雪国まいたけ

📝 11月18日

★ワコム約定

　チャートから底値だと判断。ワコムを買ってみました。

◎18万7000円で1株購入

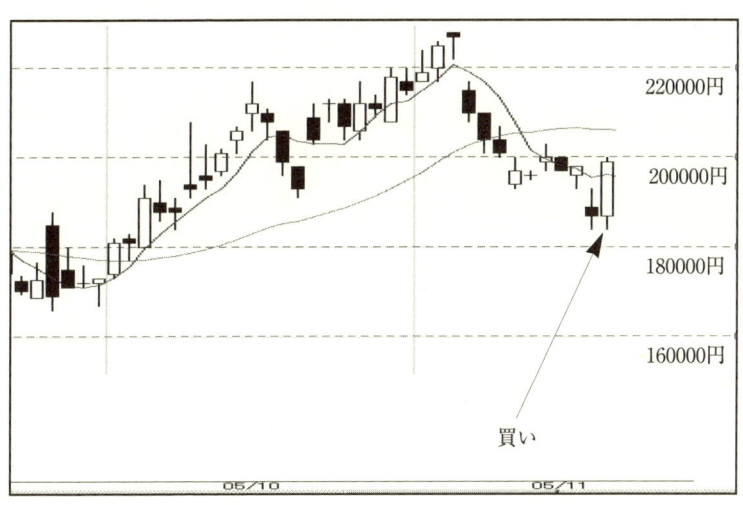

買い

11/18　ワコム

📝 11月21日

★ついにやりました！！運がついてきたのか？

　1万2000円アップ！　しかも1日で！（ジャスダック株なので、変動が激しいのか？）。勝因は、下がりきったときに買

ったということ、でしょうか。営業成績も悪くなかったので、ここらで上がってくると読みました。嬉しい！！

📝 11月25日

★ワコム売り注文失効

19万1000円で売りに出したのですが、買い手がいなかったので、あえなく失効。悲しいです。指値は約定しない場合があるので仕方のないことです。今度は成行でやってみてもいいかもしれないです。

📝 11月28日

★ワコム19万1000円で売り注文（未約定）

日経平均がどんどん上がっています。ほとんどの株が上がっています。しかし、ワコムの株価は変わりません。ので、売ります。リベンジです（笑）。次の銘柄に期待です。

SPECからのコメント

チャートで底値と判断して買うのは良い視点です。でも、底値買いが成功したからといって、それだけでずっと保有するのは危険。企業の業績を見たり、株価が割安かどうかを判断してから買わないと株価が下がったときにすぐ売ってしまうでしょ。チャートを

見てもわかるように12月には株価は上昇してますよね。自信のある分析ができれば、株も自信を持って保有できるんですよ。

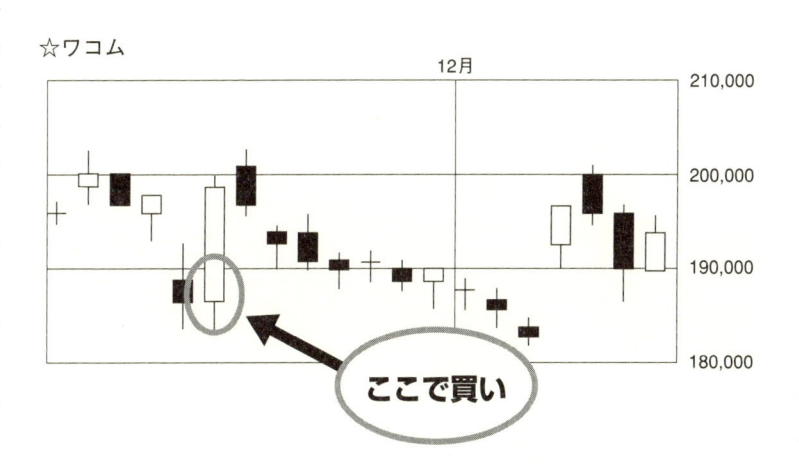

☆ワコム

「ここで買い」

📝 11月29日

★ワコム売り約定、楽天買い注文（未約定）

ワコムが19万1000円で売れたので、楽天を8万3400円×2株買うことにしました。購入理由は、今日、楽天とTBSが和解調整に入ったとの報道があったこと。株価がどう変わっていくか興味があったので買ってみました。お互いが手を

とりあったのであれば、個々の会社への新たな試みが期待できるので、両者の株価は上がるのではないかと読んでいるのですが……。果たして？

◎ワコム19万1000円で1株売却

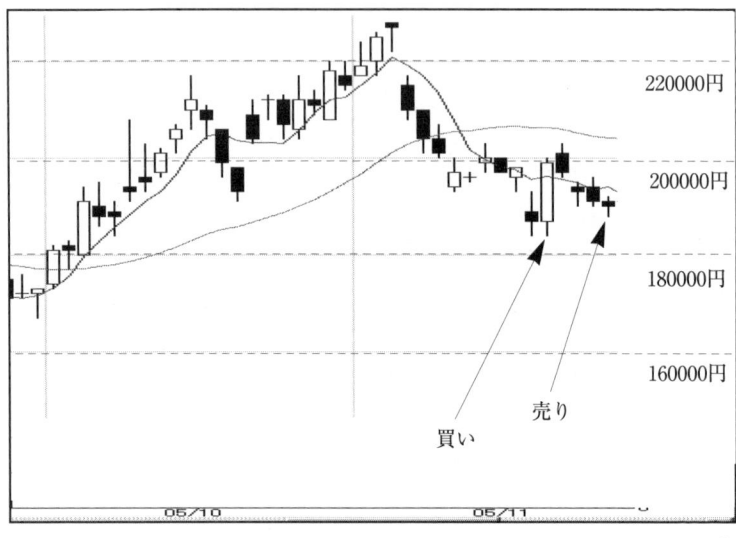

11/29　ワコム

📝 11月30日

★楽天約定せず。

　残念。投資日記最後の日なのに、約定しなかったとは……。仕方ないです。ちなみに、今日の楽天の株価は―5％くらいで

した。

SPECからのコメント

今回は初級編。株を初めてやってみた女子大生の奮闘記をお届けしました。おそらく、株を始める人は皆、彼女の気持ちを体感できることでしょう。
　彼女が主に使った手法は以下の2点でした。

◎チャートを見て、底値だと判断すれば購入する。
◎女性ならではの視点から株価上昇のニュースをキャッチし、購入する。

　うまい方法だと思います。しかし、この2つは株を買うタイミングを計る手法ですので、これだけでは株式投資をやっていくのは難しいと言えます。実際、彼女の運用益はマイナスになっています。
　今回失敗した要因として、以下の2点が挙げられると思います。

◎売上成長率や営業利益率など財務分析を怠っていたこと
◎PERなどの割安か割高かを判断する株価指標を用いていなかったこと

　株価は業績を反映します。また、業績からは企業の成長性や安全性も見えてきます。少しでも安い株を買えるようになるためにも、割高な株をつかまないようにするためにも、株価指標も見てほしいです。

3109　シキボウ

【特色】
紡績名門、機能材等の育成や豊富な不動産資産を活用し財務再建を進める、電子機器事業も

【連結事業】
繊維事業79（4）、不動産事業5（49）、電子機器事業6（7）、他10（8）

【海外】 7

9937　セシール

【特色】
衣料・生活関連のカタログ通販大手。トップ交代で再生へ抜本的改革途上。カタログ大幅再編

【連結事業】
通信販売98（－4）、金融2（48）、他0（18）〈04・12〉

1378　雪国まいたけ

【特色】
マイタケでシェア過半。大規模工場で生産。全国市場・量販小売店へ直接販売

【連結事業】
食品95、他5

6727 ワコム

【特色】
コンピュータ入力用のタブレットで世界首位。特許が強み。電気設計用CADも国内首位

【連結事業】
電子機器95(17)、ECS5(12)、EH10(-226)
【海外】63

※数字は売上に対する事業の割合
　( )内は売上高営業利益率

約定日	銘柄	銘柄コード	市場	取引	期限	預り	課税	約定数量	約定単価	手数料/諸経費	税額	受渡日	受渡金額/決済損益
2005.10.4	シキボウ	3109	東証	株式現物買	–	特定	–	1000	197	450		2005.10.7	197472
2005.10.4	野村MRF			MRF買付	–	–	–	200000	1	–		2005.10.4	200000
2005.10.6	野村MRF			MRF解約	–	–	–	197472	1	–		2005.10.7	197472
2005.10.24	シキボウ	3109	東証	株式現物売	–	特定	申告	1000	216	450		2005.10.27	215528
2005.10.25	セシール	9937	東証	株式現物買	–	一般	–	100	1360	450		2005.10.28	136472
2005.10.27	セシール	9937	東証	株式現物売	–	一般	申告	100	1143	450		2005.11.1	113828
2005.10.27	野村MRF			MRF買付	–	–	–	136472	1	–		2005.10.28	136472
2005.10.27	野村MRF			MRF買付	–	–	–	213777	1	–		2005.10.27	213777
2005.10.28	雪国まいたけ	1378	東証	株式現物買	–	一般	–	200	555	450		2005.11.2	111472
2005.11.1	野村MRF			MRF解約	–	–	–	111472	1	–		2005.11.2	111472
2005.11.1	野村MRF			MRF買付	–	–	–	113828	1	–		2005.11.1	113828
2005.11.14	雪国まいたけ	1378	東証	株式現物売	–	一般	申告	200	544	450		2005.11.17	108328
2005.11.17	野村MRF			MRF買付	–	–	–	108328	1	–		2005.11.17	108328
2005.11.18	ワコム	6727	JASDAQ	株式現物買	–	特定	–	1	187000	450		2005.11.24	187472
2005.11.22	野村MRF			MRF解約	–	–	–	187472	1	–		2005.11.24	187472
2005.11.29	ワコム	6727	JASDAQ	株式現物売	–	特定	申告	1	191000	450		2005.12.2	190528

慶応大学投資クラブSPEC二期副代表
森光伸による投資日記

📝 9月12日

　9月11日に行われた衆議院選挙で自民党は歴史的と言われるほどの勝利を収める。郵政民営化が焦点となった今回の選挙で、自民党が獲得した議席は296議席。公明党の31議席を合わせた与党の議席はなんと327議席。これで郵政民営化が実現する可能性が確実に高くなった。ここで注目したのは、"郵政民営化によって何が変わるのか"ということ。まず「官」から「民」への資金の流れが挙げられる。この「官」から「民」への資金とは350兆円とも言われている郵貯・簡保の資金である。この一部が株式市場にも流れると予想される。そして、「株式市場に資金が流れることによって恩恵を享受する企業は何か」と考えたとき、自分には株の取引を行う証券会社が思い浮かんだ。なぜなら、資金が株式市場に流れると、当然、株を売買することになるからである。証券会社にはその売買の手数料が入ってくる。次に、どの証券会社にするかを考えた。日本の資産は年配の世代が持っていると言われている。郵貯などの資金も年配の方の資産であるので、そういった大口の投資家に対して強みを持っている野村ホールディングスを買うことにした。

◎野村ホールディングスを1518円で200株購入

買い

2000円

1800円

1600円

1400円

05/08　05/09

9/12　野村ホールディングス

📝 9月21日

　郵政民営化の道筋が立ち、「官」から「民」への資金の流れによる収益の拡大が株価に反映されたと思い利益確定を。資産＋2万4400円。

◎野村ホールディングスを1640円で売却

9/21　野村ホールディングス

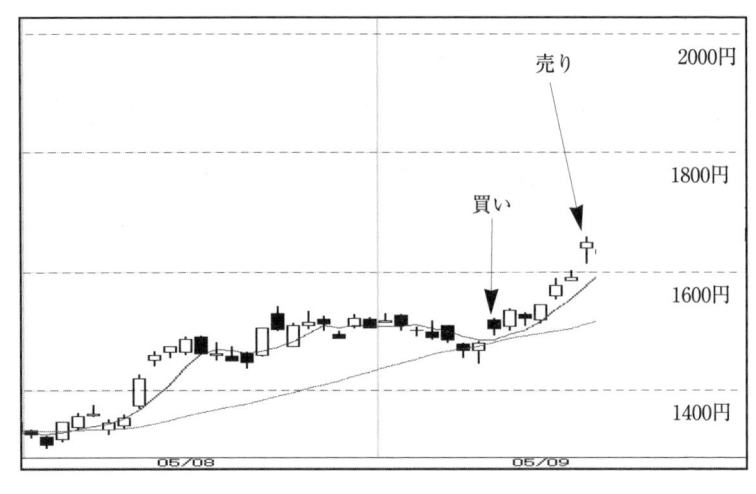

9月28日

　まず、世界的に鉄の需要が拡大していることに注目する。これだけでも鉄鋼業の企業の利益が増えると予想できる。また、原油高が進んではいるものの、それを補う以上の価格設定ができるためか、予想収益が格段に増加。さらに、取引の対象としている産業が堅調な自動車産業であり、その恩恵を享受できる。これは今日本で言われているいわゆる勝ち組であるので当然買いの対象となる産業である。

　この産業は世界的にも競争が激しく、生き残っていくのが難しくなると予想されるが、その中で新日本製鐵は、韓国ポスコとの戦略的提携、仏アルセロールとの提携、そして中国の上海宝山との提携などによって、生き残りにかけて積極的に取り組んでいる企業であると判断、購入を決める。

◎新日本製鐵を４０８円で１０００株購入

9月29日

　日本に新たな製鉄所が建設されることに伴い、国内の競争が激化し、国内での収益が減ると予想されることから、利食い千人力でもあるのでとりあえず利益を確定する。自分はやはり、利益確定が最優先事項となっている。資産＋2万6000円。

◎新日本製鐵を434円で売却

ＳＰＥＣからのコメント

右ページのグラフによれば世界的に鉄の需要が増加していることも、自動車の生産台数が堅調であることも証明できます。鉄や半導体や石油の値段の推移は株式市場に大きな影響をもたらすため、チェックしておくべき項目！

9/29　新日本製鐵

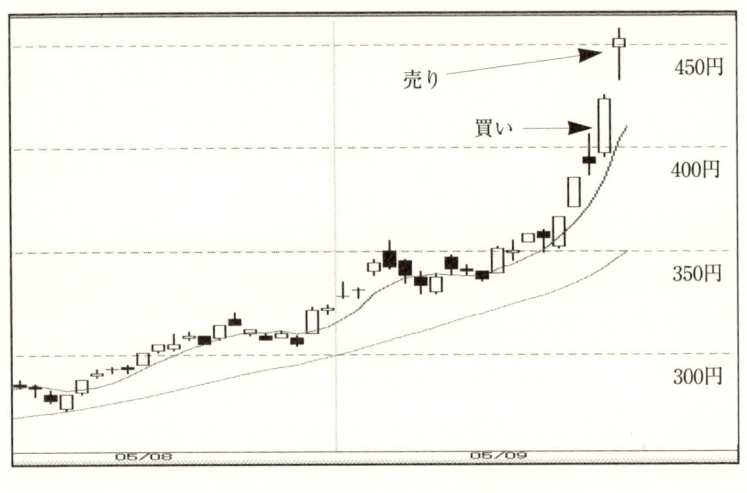

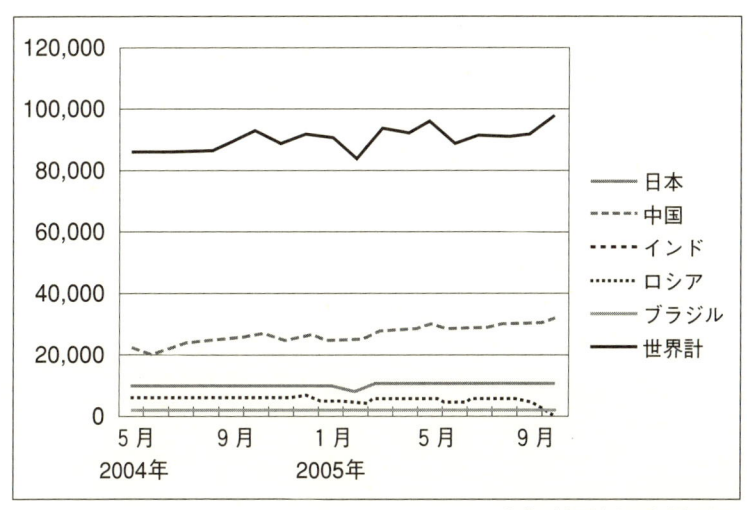

出典：社団法人日本鉄鋼連盟

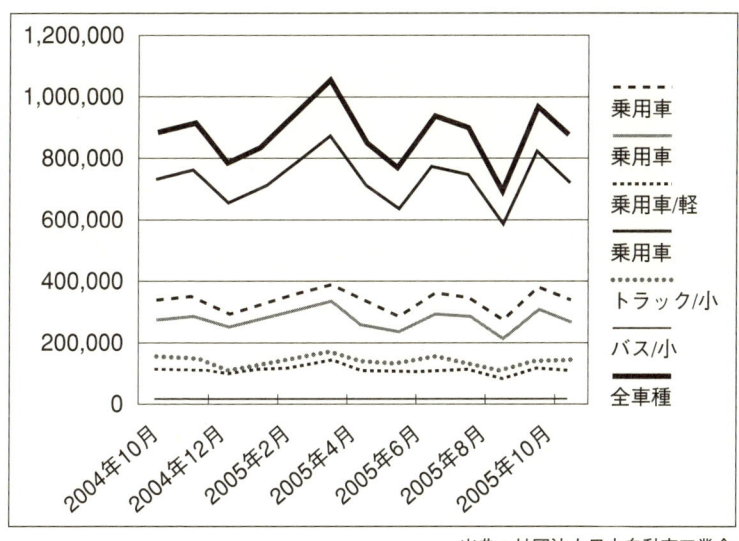

出典：社団法人日本自動車工業会

📝 10月13日

　村上ファンドの阪神電気鉄道株買い増しなどの影響を受け、含み資産関連株の株価が軒並み上昇していたので、含み資産企業のひとつである東京テアトルに注目する。また、東京テアトルが行っている不動産賃貸業にも注目。「地価下落の歯止めがかかったことが収益改善にもつながる」と思ったことも購入理由のひとつ。

◎東京テアトルを408円で2000株購入

10/13　東京テアトル

📝 10月14日

　この日、前場は信用規制強化などを受けて利食いが先行したこともあって一時4万円近く含み損が出ていたが、日経平均が上昇したこと、ここ最近に損を出したことがなかったことなどからなかなか損切りには踏み切れず、株価が上昇するのを期待していた。利益が出るところまで株価が上昇したらすぐに売りに出そうと考えていたが、なんと後場になって株価が急上昇したため、含み損が吹き飛び、含み益を抱えることとなった。仕手集団介入のうわさも流れたので、早く売却をしたほうがよいと考え、市場が閉まるぎりぎりに売却。

　今回は、一時、今までにないほどの含み損を抱えたが、今ま

10/14　東京テアトル

での利益があったため、なんとか持ちこたえることができ、さらなる利益を生むこともできた。また、今回も株の売買にはそのときの心理状態が色濃く反映されることを痛感させられた。資産＋４万８０００円。

◎東京テアトルを４３２円で売却

📝 １０月１７日

　ＴＢＳと楽天の経営統合の話が浮上し、テレビ局が注目を浴びている中で、もしテレビ朝日にもそういった話が出てくれば、

10/17　東映

テレビ朝日の株を１６％も持つ東映も注目を浴びるのではないかと予想し、購入する。また東映アニメーションの３２％の株主でもあるなど、ちょっとした含み資産企業であることにも注目した。

◎東映を６８６円で１０００株購入

10月19日

　日経平均が２２３円も下がるという日本市場暴落の日に、東映も日経平均に連動して下がり、評価損がみるみる増加。終値計算では４万円にも及ぶ。しかし、東京テアトルでの経験もあり、なかなか売却までは踏み込めずにいた。

10月20日

　日経平均は少し上がったが、東映は３円しか上がらず評価損が３万７０００円と依然として苦しい状況が続く。しかし、この評価損を決定させる売りを決断できない。

10月21日

　楽天がＴＢＳに経営統合を申し込んでからライブドアのホワイトナイト説、ほかのＩＴ企業からＴＢＳへのラブコール情報が流れた。また、楽天の主要取引銀行から融資枠を８００億円に拡大（融資の資金の使い道は楽天が自由に決めることができる）といった情報からＴＢＳにＴＯＢをかける可能性が高まり、ＴＢＳの株が上昇するのではないかと購入を決める。また、これには東映の評価損を埋めたいというまったく別の理由もあった。読みが当たっていたのか、この日だけで評価益が１万３０００円になる。

◎東京放送を３３９０円で１００株購入

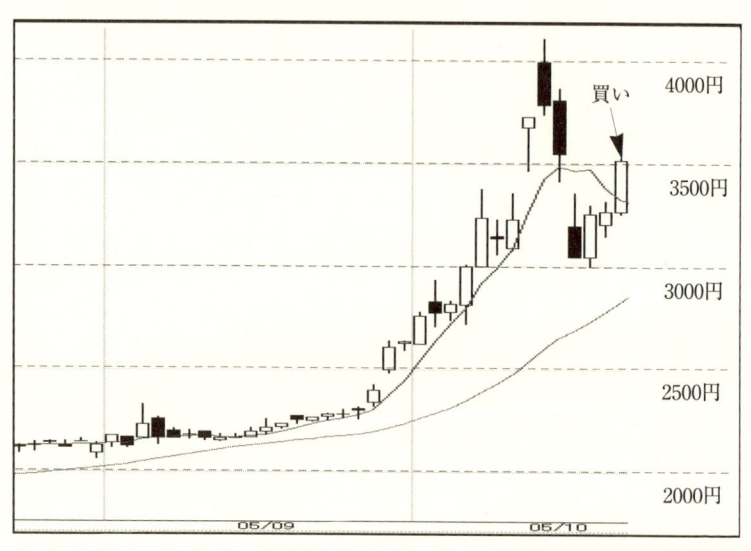

10/21　東京放送

10月24日

　日経平均は下げるが、東映が少し元気を見せる。この日の最高値は683円をつけ、前場はまずまずの展開であった。が、後場になってその勢いが失速。最終的には14円だけ上昇し662円で取引を終える。
　TBSのほうは暴落し、金曜日で稼ぎ出したはずの含み益が吹き飛ぶ。しかし、全体で考えると日経平均がマイナスになったにもかかわらず、東映の上昇分を受けて総資産は増えた。ちょっと安心。この調子で東映、TBSには頑張ってほしい。

10月25日

　TBSが電通と業務提携戦略を進める（放送とネット通販を組み合わせたサービスを開発しアマゾンジャパンとネット通販で組む、NTTグループなどとは番組のネット配信を始めるなど）とのニュースが流れたが、株価には反映されず270円も下落する。これによって評価損がかなり増加し、テンションが一気に下がった。東映にもニュースがない。含み資産関連株で注目を浴びるかと思っていたが、出来高も増えず、まったくその雰囲気がないので損切りを行う。資産―2万3000円。

◎東映を663円で売却

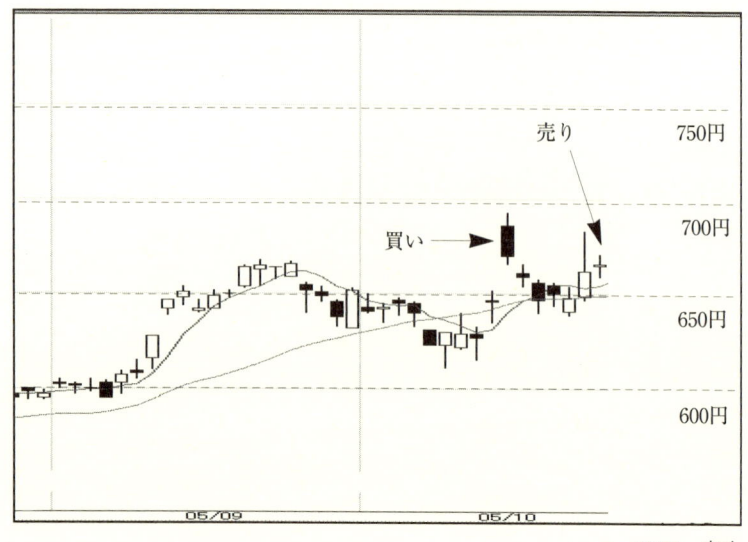

10/25　東映

📝 10月26日

　楽天がＴＢＳの発行済み株式の１９．０９％まで買い増したことが市場の好感を得たのか、ＴＢＳの株価は１１０円上昇する。しかし、ライブドアがニッポン放送を買っていったときと同じように、楽天が２０％まで徐々に買い増しを行うと読んでいたので、一気に保有比率が上がったことについては素直には喜べない。でも、少し評価損が減り、ホッとする。最近はホント、株価と自分のテンションが同じになってしまう。

🖉 １０月２８日

　楽天のＴＢＳ保有比率が２０％に限りなく近くなり、今後の展開が読めなくなったのでＴＢＳ株を売却する。これで東映に続き２度目の敗戦である。何か株式市場の流れに乗れていないのではないかと考えさせられる。資産―５０００円。

◎東京放送を３３４０円で売却

🖉 １０月３１日

　ファナックは１０月２８日に「中間配当を前年同期の１４円

から31円に増額」と発表。これを受け、28日は反発する。日経平均もかなり上昇していたので、ここは現金よりも株のほうがよいと考え、ファナックを購入する。また、3月通期の連結業績見通しを増額修正するなど、決算の内容が良いことも市場の好感を得たのか、株価は31日も上昇する。

◎ファナックを8960円で100株購入

10/31　ファナック

📝 11月1日

　この日は大学の授業や就職活動の面接などがあり、株価をチ

ェックできなかったが、終値ベースで340円も上昇していたので、そこそこの含み益を抱え、テンションとしてはかなり上機嫌。

📝 11月2日

　前場が少し下がり始めたので、ここは欲張らず利益確定をするべきだと考え、昨日の終値を指値で注文する。なかなか約定しなかったが、後場になってやっと約定する。利益確定できたことに大変満足する。資産＋4万8000円。

◎ファナックを9440円で売却

11/2　ファナック

8604　野村ホールディングス

【会社概要】
業界最大手で独立系。債券販売網に強み。M&A軸に投資銀行業務を強化。業績予想非開示。

【基本情報】
PER：31倍　　　EPS：17.8
配当：20円　　　PBR：1.6倍

5401　新日本製鐵

【会社概要】
粗鋼生産世界3位。首位の欧アルセロールや韓国ポスコと親密。住金、神戸鋼と資本提携。

【基本情報】
PER：12.4倍　　EPS：32.7円
配当：5円　　　PBR：2.2倍

9633　東京テアトル

【会社概要】
映画、不動産、ホテル、飲食の4事業に経営資源集中。映画は興行老舗だが、配給・制作も。

【基本情報】
PER：84.1倍　　配当：2円
PBR：2.08倍

東映（9605）

【会社概要】
邦画大手でビデオ・テレビ映画首位級、テレビ朝日の大株主。デジタル対応シネコン積極展開。

【基本情報】
EPS：31.2円　　配当5円
ROE：5.7%　　ROA：1.7%

9401　東京放送

【会社概要】
民放キー局の一角。JNNネット形成。BS、CSデジタル放送に進出。赤坂再開発が始動。

【基本情報】
EPS：54.6円　　配当15円
ROE：3.0%　　ROA：2.0%

6954　ファナック

【会社概要】
工作機械用CNC装置で世界首位、国内シェア7割、多関節ロボットでも国内首位、高収益。

【基本情報】
EPS：339.1円　　配当：45円
ROE：11.2%　　ROA：9.5%

約定日	銘柄	銘柄コード	市場	取引	期限	預り	課税	約定数量	約定単価	手数料/譲渡税額	受渡日	受渡金額/決済損益
2005.9.6	住友金属工業	5405	東証	株式現物売	—	—	—	1000	292	—	2005.9.9	292525
2005.9.8	野村MRF			MRF解約	—	—	—	292525	1	—	2005.9.9	292525
2005.9.12	トヨタ紡織	3116	東証	株式現物買	—	特定	—	100	2060	500	2005.9.15	206525
2005.9.12	野村ホールディングス	8604	東証	株式現物買	—	特定	—	200	1518	500	2005.9.15	304125
2005.9.14	野村MRF			MRF解約	—	—	—	510650	1	—	2005.9.15	510650
2005.9.16	住友金属工業	5405	東証	株式現物売	—	特定	申告	1000	303	500	2005.9.22	302475
2005.9.21	野村ホールディングス	8604	東証	株式現物売	—	特定	申告	200	1640	500	2005.9.27	327475
2005.9.22	三菱商事	8058	東証	株式現物売	—	特定	申告	200	2055	500	2005.9.28	411525
2005.9.22	野村MRF			MRF買付	—	—	—	301528	1	—	2005.9.22	301528
2005.9.27	トヨタ紡織	3116	東証	株式現物売	—	特定	申告	100	2090	500	2005.10.3	208475
2005.9.27	野村MRF			MRF解約	—	—	—	411525	1	—	2005.9.28	411525
2005.9.27	野村MRF			MRF買付	—	—	—	325148	1	—	2005.9.27	325148
2005.9.28	新日本製鐵	5401	東証	株式現物買	—	特定	申告	1000	408	500	2005.10.3	408525
2005.9.29	新日本製鐵	5401	東証	株式現物売	—	特定	申告	1000	434	500	2005.10.4	433475
2005.9.29	三菱商事	8058	東証	株式現物売	—	特定	申告	200	2260	500	2005.10.4	451475
2005.9.30	デンソー	6902	東証	株式現物買	—	特定	—	300	3300	900	2005.10.5	990945
2005.9.30	野村MRF			MRF解約	—	—	—	408525	1	—	2005.9.30	408325
2005.9.30	野村MRF			MRF再投資	—	—	—	3	1	—	2005.9.30	3
2005.10.3	野村MRF			MRF買付	—	—	—	208288	1	—	2005.10.3	208288
2005.10.4	デンソー	6902	東証	株式現物売	—	特定	申告	300	3330	800	2005.10.7	998160
2005.10.4	エーザイ	4523	東証	株式現物買	—	特定	—	200	4860	800	2005.10.7	972840
2005.10.4	野村MRF			MRF解約	—	—	—	990945	1	—	2005.10.5	990945
2005.10.4	野村MRF			MRF買付	—	—	—	878516	1	—	2005.10.5	878516
2005.10.5	エーザイ	4523	東証	株式現物売	—	特定	申告	200	5000	800	2005.10.11	999160
2005.10.6	野村MRF			MRF解約	—	—	—	99313	1	—	2005.10.7	99313
2005.10.7	野村MRF			MRF買付	—	—	—	123938	1	—	2005.10.7	123938
2005.10.11	りそなホールディングス	8308	東証	株式現物売	—	特定	申告	3	292000	800	2005.10.14	875160
2005.10.11	りそなホールディングス	8308	東証	株式現物売	—	特定	申告	3	284000	800	2005.10.14	852840
2005.10.11	野村MRF			MRF買付	—	特定	—	996545	1	—	2005.10.11	996545
2005.10.13	東京テアトル	9633	東証	株式現物買	—	特定	—	2000	408	800	2005.10.18	816840
2005.10.13	野村MRF			MRF解約	—	—	—	852840	1	—	2005.10.14	852840
2005.10.14	東京テアトル	9633	東証	株式現物売	—	特定	申告	2000	432	800	2005.10.19	863160
2005.10.14	野村MRF			MRF買付	—	—	—	872929	1	—	2005.10.14	872929

日付	銘柄		取引			数量	単価	手数料	受渡日	金額
2005.10.17	東映	9605 東証	株式現物買	—	特定	1000	686	800	40	686840
2005.10.17	野村MRF		MRF解約	—	—	816840	1	—		816840
2005.10.19	野村MRF		MRF買付	—	—	686840	1	—		686840
2005.10.21	東京放送		MRF買付	—	—	858645	1	—		858645
2005.10.25	東映	9401 東証	株式現物売	—	特定 申告	100	3390	450	22	339472
2005.10.25	東映	9605 東証	MRF解約	—	—	1000	663	800	40	662160
2005.10.28	東京放送		MRF買付	—	—	339472	1	—		339472
2005.10.28	野村MRF	9401 東証	株式現物売	—	特定 申告	100	3340	450	22	333528
2005.10.31	野村MRF		MRF買付	—	—	664645	1	—		664645
2005.10.31	ファナック	6954 東証	株式再投資	—	特定	100	8960	800	40	896840
2005.10.31	野村MRF		MRF解約	—	—	2	1	—		2
2005.11.2	ファナック	6954 東証	株式現物売	—	特定 申告	100	9440	800	40	943160
2005.11.2	野村MRF		MRF解約	—	—	896840	1	—		896840
2005.11.2	野村MRF		MRF買付	—	—	334127	1	—		334127
2005.11.4	りそなホールディングス	8308 東証	株式現物売	—	特定 申告	3	389000	1000	50	1165950
2005.11.4	りそなホールディングス	8308 東証	株式現物売	—	—	3	385000	1000	50	1156050
2005.11.8	野村MRF		MRF買付	—	—	1156050	1	—		1156050
2005.11.9	野村MRF		MRF買付	—	—	938535	1	—		938535
2005.11.30	野村MRF		MRF再投資	—	—	1164960	1	—		1164960

127

慶応大学投資クラブＳＰＥＣ出版チームリーダー
合田章生の投資日記

✎ 8月1日

　今日から株式投資日記を書き始めます！　投資日記の記念すべき第１回の購入銘柄は大学生ならおなじみの企業、スクウェア・エニックスです！　購入理由は以下の通り。

【購入理由】
●ファイナルファンタジー１２の発売が近々発表されること、さらに来年３月の発売になる可能性が高いこと、またキングダムハーツやその他有力タイトルが今年ラインナップされていることなどから今期売上大幅アップを見越した買いが入ると考えたため
●また、８月８日に控える郵政民営化の審議がどうであれ（可決でも否決でも）、特に株価に影響を与えない銘柄のひとつであるという読みから

【分析（スクウェア・エニックス）】
成長性★★★☆☆
安全性★★★★★
収益性★★★★★☆
効率性★★☆☆☆☆
割安感★★☆☆☆☆

◎スクウェア・エニックスを３２３０円で１００株購入

買い

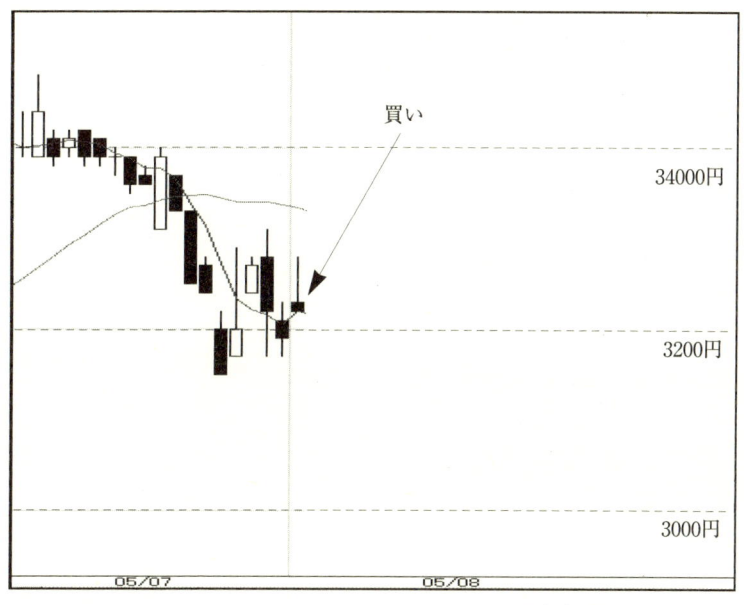

34000円

3200円

3000円

05/07　　　　　05/08

8/1　スクウェア・エニックス

8月3日

　スクウェア・エニックスを継続して保有する一方、今日は新たな取引を行った！　購入した銘柄は東証二部の川崎近海汽船です。いわゆる船屋です。アナリストの方に教わったのですが、会社というのはひとことで何をやっているのか表すことができないと評価が下がってしまうことがあるそうです。確かにＩＴ系企業は実態がいまいちつかめませんから、「何屋さん」なのかわかりにくいですよね。そうなると会社の評価は難しくなりますね。なお、購入理由は以下の通りです。フェリーに乗って旅

をしたくなりました。

【購入理由】
●「PERが海運平均PERの9倍に比べて7倍」と割安感が感じられたこと
●前月からの主力海運株(商船三井や川崎汽船など)の急騰により、川崎汽船の子会社であるこの会社も恩恵を受けるのではないかと考えたこと
●今日発表の第一四半期決算の内容が良好であったこと
●出来高が前日の5倍ほど増加していること

【分析(川崎近海汽船)】
成長性★★☆☆☆☆
安全性★★★★☆☆
収益性★★★★★☆
効率性★★★★☆☆
割安感★★★★★★

◎川崎近海汽船を451円で1000株購入

8月4日

　保有中の川崎近海汽船が大暴落を引き起こした！　郵政審議に対する不安感からなのか、株式市場では取引も少ない……。

◎保有株:スクウェア・エニックス、川崎近海汽船

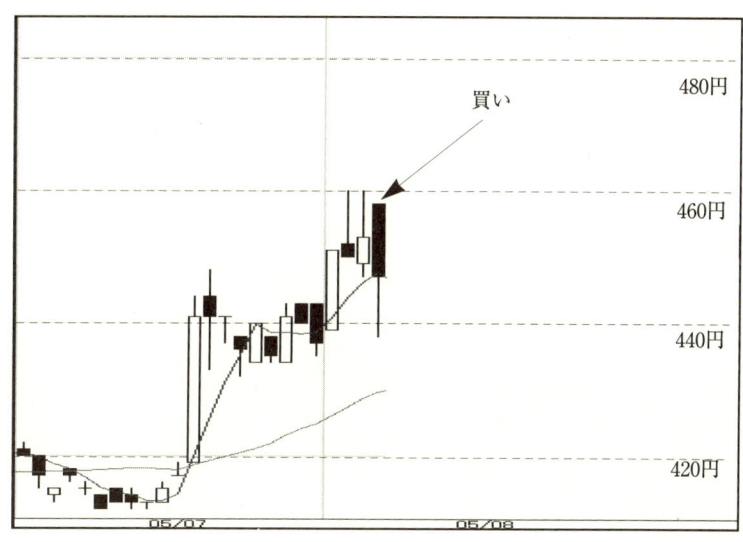

買い

480円

460円

440円

420円

05/07   05/08

8/3　川崎汽船

8月5日

　今日も日経平均は続落、それに伴い川崎近海汽船も続落中。政治動向が経済に与えるインパクトの大きさを身をもって体感しています。

◎保有株：スクウェア・エニックス、川崎近海汽船

📝 8月8日

　8月8日、郵政審議の日がやってきました。案の定、株価も日経平均も否決が濃厚になるとともに順調に下げていきましたが、否決の瞬間から一気に株価は上昇。

　郵政否決⇒解散総選挙⇒自民圧勝⇒景気回復というシナリオが否決の時点で株価に織り込まれていたのでしょうか？　いわゆる「悪材料が出尽くした」という状況でしたね、多分。

　ところが今日で損切りしようと思っていたのに、2銘柄とも長い下ひげに加え陽線になったため思いとどまり、予定を変更して、もう少し様子を見ることに。

◎保有株：スクウェア・エニックス、川崎近海汽船

📝 8月11日

　スクウェア・エニックスが5日移動平均線を下回りました。これは超短期で見ると下降トレンドに入ったことを示すんですね。100％示すわけではないのですが、傾向としてよくそうなるらしいです。郵政議案否決さえなければ順調に推移してたのでは？と思うのですが……。"たられば"を言っても仕方がない。完全に下降トレンドに入ったみたいですね。郵便局とゲーム会社に相関関係があるとは思えないんですけど、おそらく投売りされてるんでしょうね。

◎保有株：スクウェア・エニックス、川崎近海汽船

✏️ 8月17日

　川崎近海汽船が2日連続で陽線、下ひげが出現。出来高は非常に少ないですが、新しいトレンドを形成するのでは？と判断。

◎保有株：スクウェア・エニックス、川崎近海汽船

✏️ 8月18日

　連日続く原油高による燃料コストの予想以上の高騰にびびって（笑）、買値を初めて更新したこの日に売却しました。今回は、郵政民営化法案の否決や政治的経済的重要事項（原油高など）が重なり、タイミング的に難しい取引でした。おそまつながら、今回学んだことは以下の通りです。

【今回学んだこと】
●郵政民営化により、金融や物流サービスの向上が期待できること
●エネルギー相場の上昇→資産価格上昇の恩恵を受ける商社株などの期待が高まること

◎川崎近海汽船を454円で1000株売却
　資産＋3000円
◎保有株：スクウェア・エニックス

買い　売り

480円
460円
440円
420円

05/07　05/08

8/18　川崎汽船

📝 8月22日

　スクウェア・エニックスはタイトーを完全子会社化するため、23日から9月21日までの期間でタイトー株の公開買付（TOB）を実施すると発表したらしい。値段がいくらになるのか気になりますが、今回の買収は友好的買収だと思われます。M＆Aは時間を買う手法のひとつであると以前教えてもらったことがありますが、タイトーと手を結んで得られるものと言えばアミューズメント施設とかかな。スクウェアの資源と組み合わさるとシナジー効果が意外とあるかもしれませんね。異なる会社同士の資源が組み合わさってより良いものに昇華されてい

く過程が見えるから、M&Aは興味深く今後も注目です。

◎保有株：スクウェア・エニックス

📝 8月23日

　原油高が止まりません。解散総選挙も自民優勢の声がちらほら聞こえ始めました。この流れで総選挙で自民党が大勝すれば、石油関連銘柄は景気回復期待と併せてポジティブサプライズが起きそうな気が……。株価が動くかもしれません。今日は東レを購入。理由は以下の通りです。

◎東レを５２４円１０００株購入

【購入理由】
●指標的には割高感があったが、四季報などの来期予想が燃料高にもかかわらずかなり好調だったため
●繊維最大手で体力のある東レなら商品を値上げし利益を維持できると判断したため

【分析】
成長性★★★☆☆
安全性★★★★☆
収益性★★★☆☆☆
効率性★★★★☆☆
割安感★★★☆☆☆

ちなみに、今日は昨日のニュースが影響し、スクウェア・エニックスの出来高が前日の4倍以上に。結局、株価も200円以上上昇。この株はもう少しホールドし続けることにしよう。

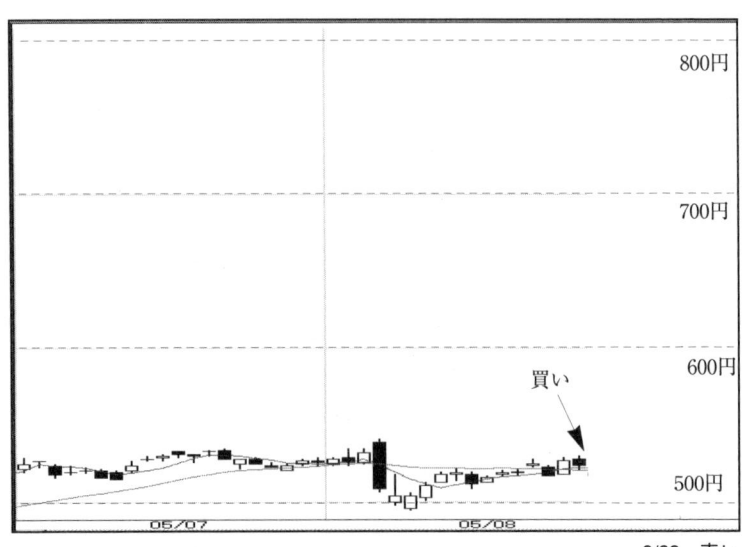

8/23　東レ

📝 8月25日

　東レは動かず。保有継続で。スクウェア・エニックスは続落し、5日移動平均線を切ってしまいました。これに関しては、(TOBが) 全株なら670億円かかることが発表されました。短期的に見るとスクウェアにとっては非常に重荷となる金額です。さらにタイトーを子会社することで得られる相乗効果が不透明。以上2点を市場が嫌い、一時的に下げたのではないかと……。

タイトーのアミューズメント施設を狙ってスクウェアは買収を仕掛けたと報じられています。コナミなどはスポーツクラブを全国区に持ち、それが収益源となっていることは事実ですが、タイトーの保有するアミューズメント施設は旧態依然としたボーリング場や、いわゆるゲームセンター、デパートのお子様用ゲーム施設くらいのもの。スクウェアはやっぱ売りかな？

◎保有株：東レ、スクウェア・エニックス

9月12日

　今回の選挙はまれに見る面白い選挙だったのではないでしょうか。小泉さん率いる自民党は単独で過半数の議席を取り、民主党は大幅に議席数を減らす結果となりました。小泉さんへの期待度はこれでかなり高まったと言えるでしょう。日経平均も自民圧勝に伴い、東証では大商いが始まりました。シナリオ通りに事が運んでいる気もしますが、今は絶好の買い場なので、保有中の東レを売却することに。東レは今回１０００株５３２円で実質６０００円位の利益でした。思ったほど値動きはなかったですね。予想以上の原油高にメーカーが対応できなくなった感もありますが、とにかく早くこの株を売って景気敏感株にポジションを移したいところです。これから間違いなく大相場がやってくるはず。自民党は最高のシナリオ通り圧勝、ＧＤＰも上方修正、地価の上昇、本格的な景気回復が見込まれるなど、株価市場において、悪材料はもはやひとつもありません。今後に期待です。

この日の前場の東京証券取引所は大盛況。昨日の衆議院選挙で小泉自民党が圧勝したことや、4～6月期のGDP改定値が上方修正されたことを背景に大手銀行を中心に買いが先行し、日経平均株価は一時前週末比234円高の1万2926円と取引時間中の年初来高値を更新。
　そしてこの日、自分は三菱商事を購入しました。理由は以下の通りです。

【購入理由】
●景気回復に期待感を抱き、原油価格高騰の兆しと合わせて、その恩恵を享受できること
●丸紅とどちらを買おうか最後まで悩んだが、出来高の圧倒的な多さと、グループ企業全体の底上げを商事が牽引して、グループ全体が増益となるのでは、との期待感から

【分析】
成長性★★★☆☆
安全性★★☆☆☆☆
収益性★★★★☆☆
効率性★★★★★★
割安感★★★★☆☆

【今回学んだこと】
●予想以上の原油高は値上げチャンスを無効にすること

◎東レを532円で1000株売却　資産＋8000円
◎三菱商事を1893円で200株購入
◎保有株：スクウェア・エニックス

売り

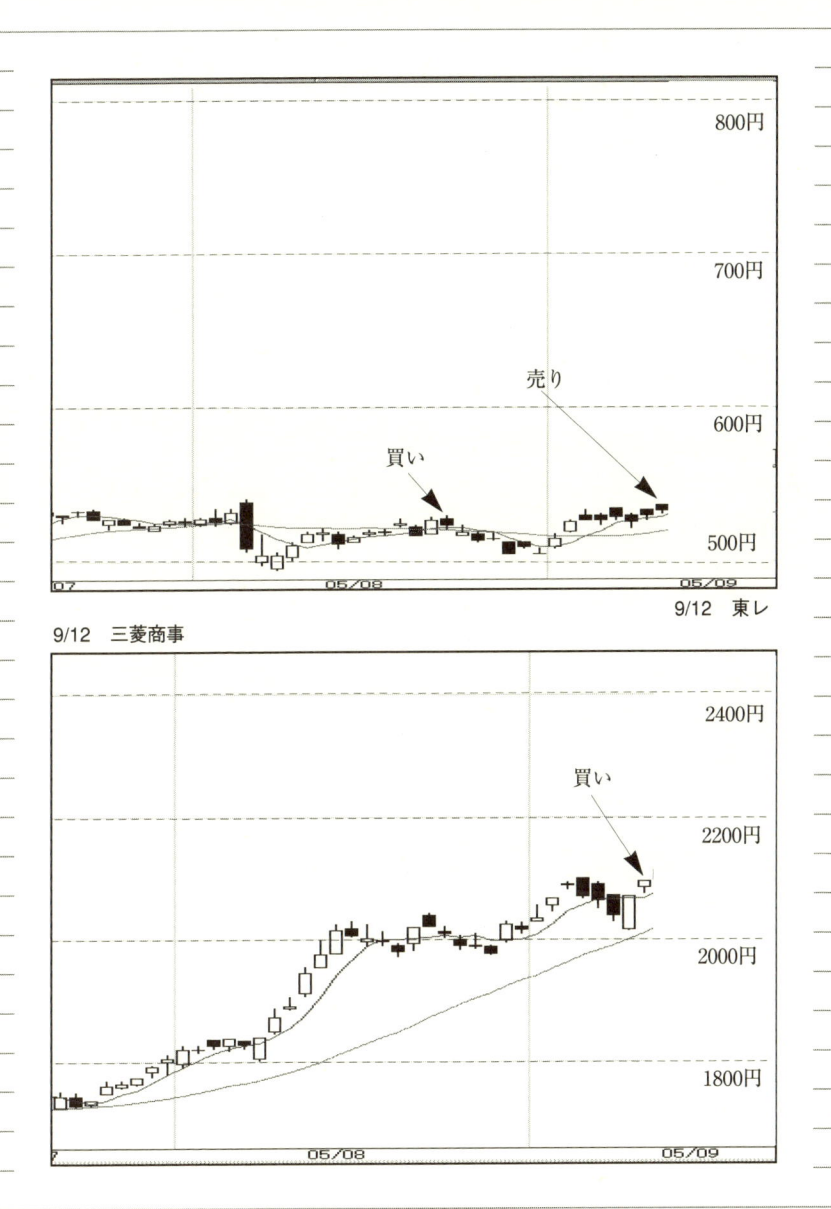

買い

9/12 東レ

9/12 三菱商事

買い

📝 9月13日

原油高の影響が確実に表れています。さらに景気の不透明感も払拭されました。

📝 9月20日

本日最高値3270円でスクウェア・エニックスを100株売却。やっとこの因縁深い株から解放されることになりました。株式投資日記初戦は波乱万丈な経過を経ながらも、結局4000円の利益を生み出してくれました。郵政否決後の高騰から1ヶ月以上たち、タイトーのTOBや東京ゲームショーの成功など、スクウェア・エニックスにとって追い風となる良いニュースが株価に影響を与えたようです。一発でうまく最高値で売り抜くことができましたが、このタイミングで売らなければ確実に赤字となっていたでしょう。

また、この日は、日経平均株価が久しく更新していなかった13000円台を遂に突破するという記念すべき日となりました。この日相場を見ていた人々は歓喜の喜びに浸ったことでしょう。しかし、保有株「三菱商事」の板は不穏な動きを……。日経平均が上がり続ける中、三菱商事だけは昼前にどんどん下がりだしたのです。それを見て、年初来高値の2000円を超えずに利益確定売りが出ていると判断。今の時点で2万円弱の利益が出ていたため、売りを断行しました。約定金額は200株で1991円。まずまずのトレードでした。しかし、です。その日の三菱商事の高値は2030円を記録、年初来高値を軽く突破していました。

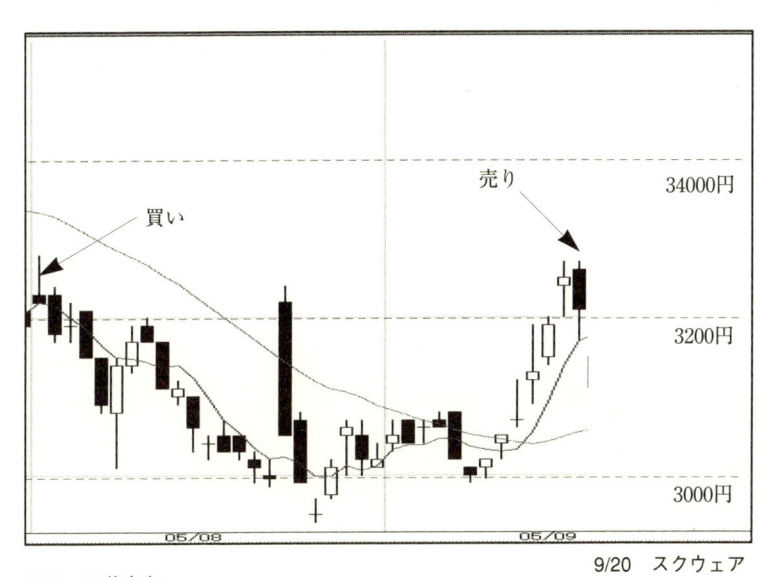

売り

34000円

買い

3200円

3000円

05/08　　　　05/09

9/20　スクウェア

9/20　三菱商事

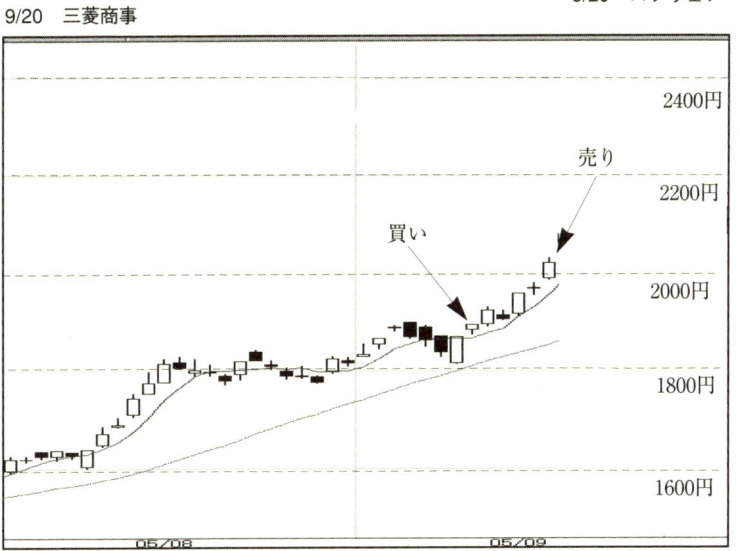

2400円

売り

2200円

買い

2000円

1800円

1600円

05/08　　　　05/09

141

原油高騰が現実化し、止まらない原油高を追い風としてその後も三菱商事の株価は高騰を続けていくことになるのです。

【今回学んだこと】
●政治と株価は密接に関連しているが、政治動向が市場に与える影響を先読みしなければいけないこと
●損切りはちゃんとしないと、次の株が買えなくなること
●ニュースにすばやく反応しなければならないこと
●原油価格が株式市場に与えるインパクトは非常に大きいこと
●自信がある銘柄の利益確定は少し余裕をもってみてもいいということ
●年初来高値は壮大な上昇トレンドの前では無意味だったということ

◎スクウェア・エニックスを３２７０円１００株売却
　資産＋４０００円
◎三菱商事を１９９１円で２００株売却　資産＋１万９６００円

9月29日

　今回購入したのは双日株式会社。ＰＥＲはマイナスの値をとり評価が下せず。ＲＯＡ、ＲＯＥの両者もマイナス。購入理由は以下の通りです。

【購入理由】
●「Ｖ字回復が顕著になった」こと

●経営のスリムアップ化を図っている（２００４年から大規模なリストラ・不採算事業からの早期撤退・含み損を抱える不動産の売却）こと
●連日の商社株の好況

【分析】
成長性★★★☆☆
安全性☆☆☆☆☆☆
収益性☆☆☆☆☆☆
効率性★★★★★★
割安感☆☆☆☆☆☆

◎双日を６５６円で５００株購入

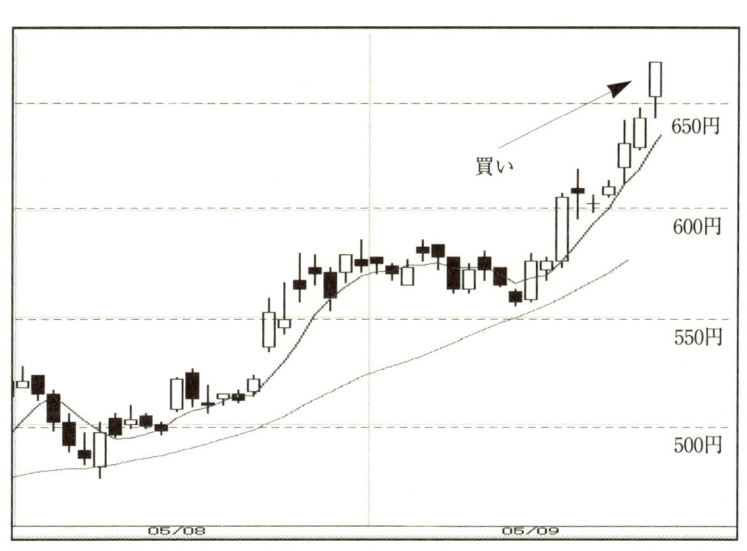

9/29　双日

10月3日

　今日はいすゞ自動車を購入。購入理由は以下の通りです。この会社はGMの傘下。最近のGM不調が懸念されますが……。

【購入理由】
●背景として円安傾向が続いているということ
●海外売り上げ比率が5割を超えているということ
●排気ガス規制強化に向けてクリーンディーゼルエンジンに先行投資していたこと
●リストラを行い、経営体質が改善され成長が見込めること
●出来高が通常の3倍近く増加したこと

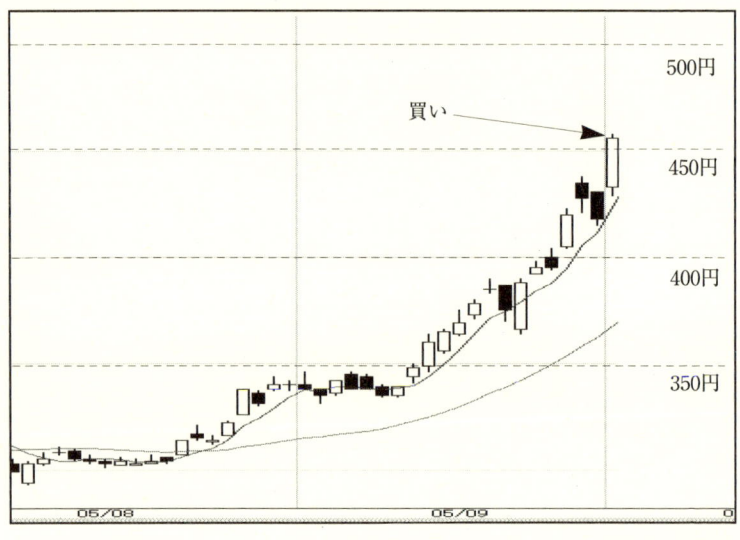

10/3いすゞ自動車

【分析】
成長性★★★★☆
安全性★★☆☆☆☆
収益性★★★★★☆
効率性★★★★☆☆
割安感★★★★☆☆

◎いすゞ自動車を４４１円で１０００株購入

１０月５日

　今日はいすゞ自動車を売却し、その売却で得た資金を次の株の資金に。売却した理由は、いすゞ自動車の出来高が急激に下がってしまい、これ以上保有しておくのはＧＭとの絡みもあり危険だと思ったこと。昨日のうちに売っておけば利益が出てたのに。
　いすゞ自動車を売却したお金で、この日はスターゼンを購入。でも、すぐに売却。購入理由と売却理由は以下の通りです。

【購入理由】
　チャートが非常に良い形だった。まず移動平均線が日足で見てゴールデンクロスを形成する直前と見える。さらに当日朝の寄付きではすでに前日の終値を出来高を伴って１０円近く上回っており、大きく窓が開いていた。牛肉輸入解禁のニュースを皮切りにマーケットに一気に火がついたのだと思われる。さらにテクニカルでみてもゴールデンクロス、出来高を伴う窓の出

現の2つの要素が絡み、チャートが吹きそうだったため。

【売却理由】
●出来高はなんと100倍近く上昇し、これはいくらなんでも加熱しすぎだと判断したから。

◎いすゞ自動車を453円で1000株売却　資産+12000円
◎スターゼンを383円で1000株購入
◎スターゼンを394円で1000株売却　資産+11000円

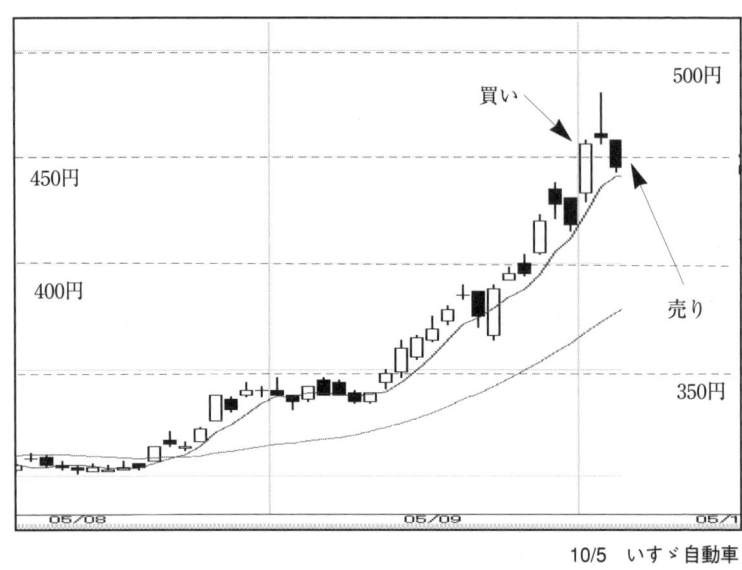

10/5　いすゞ自動車

買い&売り

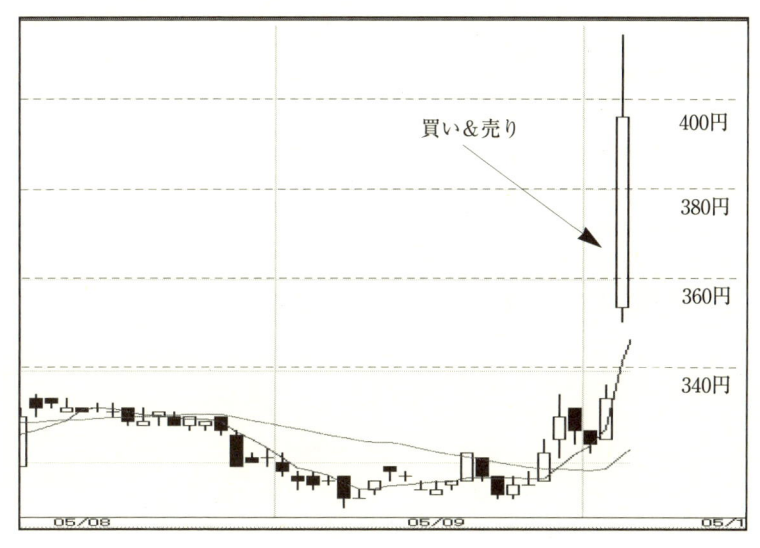

400円
380円
360円
340円

05/08　05/09　05/1

10/5　スターゼン

📝 10月14日

　今日は日産自動車を購入。デッドクロス寸前のこの株、今回は特に株価が上昇するような材料はなかったのですが、以下の理由から何となく買ってみました。

【購入理由】
●F―1の結果次第でルノーが優勝すれば日産の株価にも影響が出るのではないかと思ったから

【分析】
成長性★★☆☆☆☆
安全性★★★★☆☆
収益性★★★★★☆
効率性★★★★☆☆
割安感★★★★☆☆

◎日産自動車を１２６６円で１００株購入

1250円
1300円
1200円
1150円
買い
06/09
06/10

10/14日産自動車

10月19日

　双日を６２４円で２００株ほど買い増し。双日は現在３０円近く負けています。マーケットは上昇基調なのに。いや、マーケットは上昇基調なんだから今買い増しとけば何とか損は逃れられるかな。

【買い増した理由】
●値動きがまったくなく、出来高も減少してしまったため、決算発表で好決算が出ても６５０円のラインを突破できないのではと思い、取得単価数を下げることで損失を回避しようと思ったため

◎双日を６２４円で２００株追加購入（平均取得単価６４０円）

10/19　双日

📝 11月4日

　日産自動車を売る。理由は値動きが乏しく株価が下げ止まらないこと。今回の失敗要因は、F―1の結果と株価の連動性を勝手に信じ込んだことです。絶対に相関があると思ったんですけど。

◎日産自動車を1196円で100株売却　資産－5000円

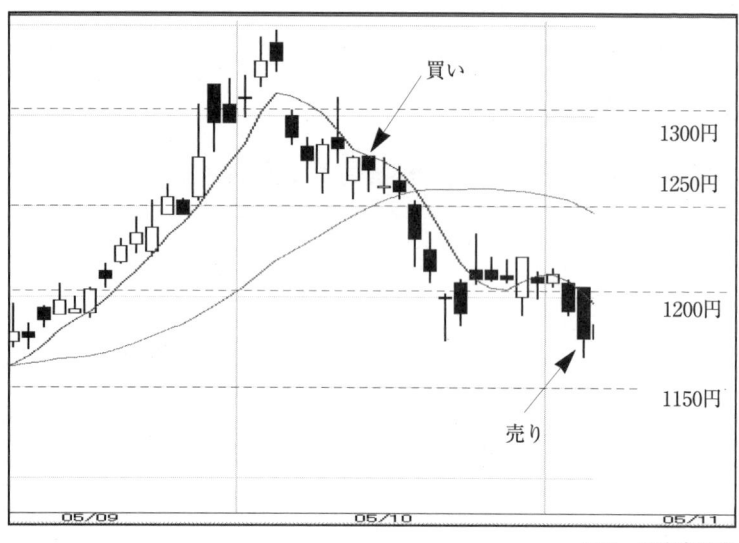

11/4　日産自動車

📝 11月7日

　この日は異常な出来高の上昇と株価の値上がりが起こったため、日本カーボン１０００株にデイトレを仕掛けようと思い購入。この日に三菱商事もチャートから判断し１００株購入する。

　またこの日、双日を売却。目標株価にははるか及ばない成績なので、損切りを徹底して行うことに……。今回のように期間が決まっている中で一定の目標を達成しようとするなら、やはり買った株を上がるまで待つといったような悠長なことは言っていられません。自分の資金が減るのは痛いですが、儲からない株は捨てて、今儲かりそうな株に資金をシフトすることが重要なのです。

◎三菱商事を２４１５円で１００株購入
◎日本カーボンを２８９円で１０００株購入
◎双日を６２３円で１００株売却　資産－１７００円

11/7　三菱商事

260円

280円

買い

240円

220円

05/09　　　　　05/10　　　　　05/11

11/7　双日　　　　　　　　　　　11/7　日本カーボン

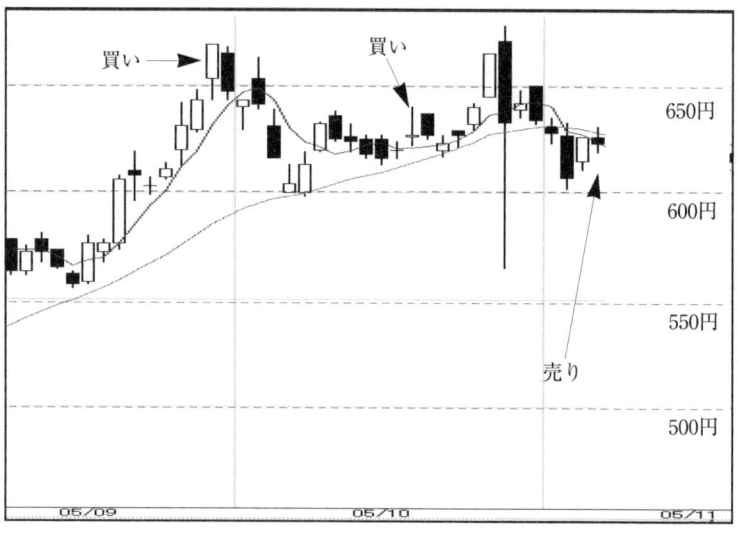

買い　　　　　　買い

650円

600円

550円

売り

500円

05/09　　　　　05/10　　　　　05/11

11月9日

　この日はかなりの取引を行いました。双日、日本カーボン、三菱商事を売却してＮＥＣを購入。

　双日、三菱商事はまた損切ってしまったのですが、日本カーボンを＋９円で売り抜くことができたので、何とか損を挽回できました。

　この日に損切った本当の理由は、「ＮＥＣを買うこと」にありました。今まで、銀行や鉄鋼など内需関連株を中心に市場は牽引されてきました。しかし原油が値下がりし始め、アメリカのナスダックやダウ指数も好調となったことから、そろそろ日本のハイテク株にも値動きがあるのではないかと予想したのです。そもそも日本のハイテク株の業績は軒並み良いですし。銀行株や石油関連株などは上がりつくしてしまった感が否めないので、資金がハイテクに流れてくる可能性は大きいとも判断。日立、富士通、ＮＥＣなどを探し出しましたが、最終的に資金の関係上、今回はＮＥＣを購入することに決めました。また、ちょうどこの日、ＮＥＣはチャート上でゴールデンクロスを形成！いい買い時だと思い、１０００株購入です。

【ＮＥＣ分析】
成長性★★★☆☆
安全性★★☆☆☆☆
収益性★★☆☆☆☆
効率性★★★★☆☆
割安感★★★★★☆

11/9 双日

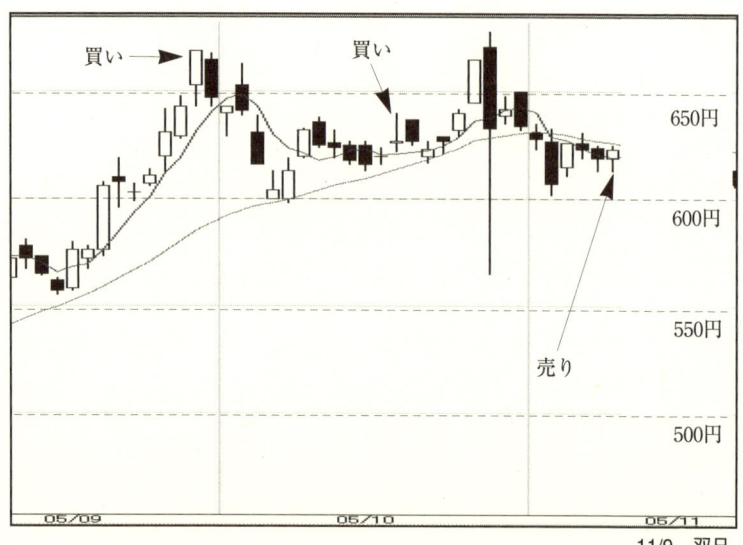

11/9 日本カーボン

11/9 三菱商事

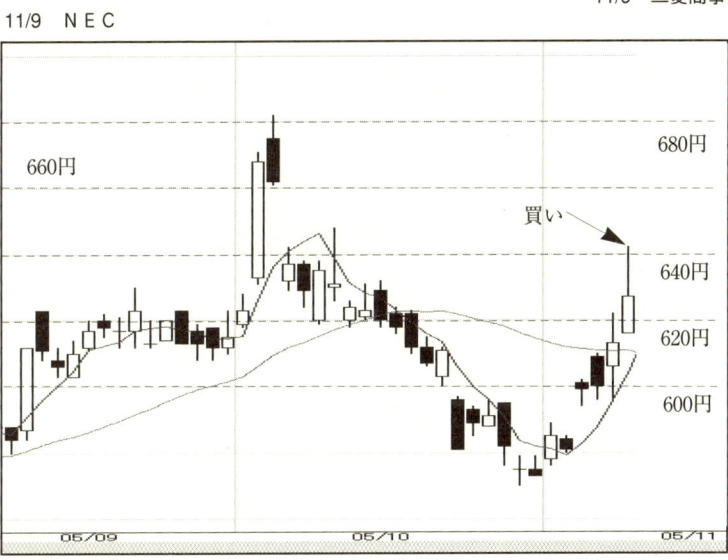

11/9 ＮＥＣ

155

◎双日を６２２円で２００株売却　資産－３６００円
◎日本カーボンを２９８円で１０００株売却　資産＋９０００円
◎三菱商事を２３７５円で１０００株売却　資産－４０００円
◎ＮＥＣを６８３円で１０００株購入

✏️ １１月２１日

　双日を４００株６１５円で売る。この株はトータルで２万円ほど痛手を被りました。この６１５円がほんと底値に見えて見えて、どうしようもなく買いたくなるんですよね。
　また、この日、ＮＥＣを１０００株６８３円で売却しました。今回はかなり読みが当たったのではないでしょうか。トータルで５万円ほど勝つことができました。いや～、１１月最後はわりと勝ってるほうだよね。だいたい５万円くらい勝ったかな？こういうふうに勝って終わるとやっぱ気分良いよね。

◎双日を６１５円で４００株売却　資産－２５００円
◎ＮＥＣを６８３円で１０００株売却　資産＋５万４０００円

11/21 双日

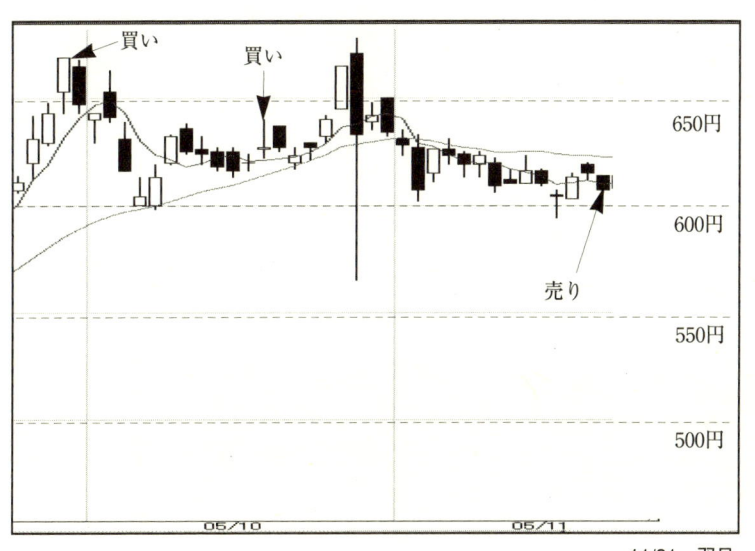

11/21 ＮＥＣ

		純利益成長率	売上高成長率	株主資本比率	資産回転率	ROA	連結 ROE	PER（業界平均）	PBR
スクウェア・エニックス	9684	-4.10	17.3	82.70%	56.1%	11.3%	13.70%	27.6倍(25.9)	3.4倍
川崎近海汽船	9179	6.9	4.10	38.60%	97.1%	6.1%	15.90%	7.75倍(10.6)	1.10倍
三菱レ	3402	120.6	5.0	34.10%	106.6%	2.5%	7.60%	95.1倍(23.4)	2.3倍
三菱商事	8058	81.5	-1.6	17.30%	187.2%	2.0%	12.10%	42.2倍(16.7)	1.7倍
双日	2768	なし	999.9	-138.30%	191.0%	-16.8%	-147%	-0.38	-1.32倍
いすゞ自動車	7202	85.10	6.8	16.80%	130.7%	5.3%	37.90%	12.7倍(16.1)	3.2倍
スターゼン	8043	62.5	1.1	26.90%	297.4%	2.4%	8.90%	14.13倍(16.7)	1.22倍
日産自動車	7201	5.7	2.5	24.80%	87.1%	5.2%	20.80%	49.9倍(16.1)	1.8倍
日本カーボン	5302	-8.40	4.7	38.10%	54.3%	2.2%	5.80%	44.77倍(23.4)	2.54倍
NEC	6701	126.8	-1.1	20.20%	123.2%	1.7%	8.50%	20.51倍(21.8)	1.61倍

マネックスの資料を利用　　会社四季報から計算

	成長性基準		安全性基準		効率性基準		収益性基準		割安感基準	
星の基準	星の基準		星の基準		星の基準		星の基準		星の基準	
なし マイナス	なし マイナス		なし マイナス		なし マイナス		なし マイナス		なし マイナス	
★	0～50%	0～5%	0～20%		0～70%		0～2%		業界平均以下	2.9倍以上
★★	50～100%	5～10%	20～60%		70～140%		2～6%		業界平均-2以内	1.9～2.9倍
★★★	100%以上	10%以上	60%以上		140%以上		6%以上		業界平均-2以上	0～1.9倍

約定日	銘柄	銘柄コード	市場	取引	期限	預り	課税	約定数量	約定単価	手数料/譲渡税額	受渡日	受渡金額/決済損益
2005.8.1	スクウェア・エニックス	9684	東証	株式現物買	--	--	--	100	3230	500	2005.8.4	323525
2005.8.2	野村MRF			MRF買付	--	--	--	900000	1	--	2005.8.2	900000
2005.8.3	川崎近海汽船	9179	東証	株式現物買	--	--	--	1000	451	500	2005.8.8	451525
2005.8.3	野村MRF			MRF解約	--	--	--	323525	1	--	2005.8.4	323525
2005.8.5	野村MRF			MRF解約	--	--	--	451525	1	--	2005.8.8	451525
2005.8.18	川崎近海汽船	9179	東証	株式現物売	--	--	申告	1000	454	500	2005.8.23	453475
2005.8.23	東レ	3402	東証	株式現物買	--	--	--	1000	524	900	2005.8.26	524945
2005.8.23	野村MRF			MRF買付	--	--	--	453475	1	--	2005.8.23	453475
2005.8.25	野村MRF			MRF解約	--	--	--	524945	1	--	2005.8.26	524945
2005.8.31	野村MRF			MRF再投資	--	--	--	1	1	--	2005.8.31	1
2005.9.12	三菱商事	8058	東証	株式現物売	--	--	申告	1000	532	900	2005.9.15	531055
2005.9.12	野村MRF			MRF買付	--	--	--	200	1893	500	2005.9.15	379125
2005.9.14	野村MRF			MRF買付	--	--	--	53481	1	--	2005.9.15	53481
2005.9.15	野村MRF			MRF買付	--	--	--	205411	1	--	2005.9.15	205411
2005.9.20	三菱商事	8058	東証	株式現物売	--	--	申告	200	1991	500	2005.9.26	397675
2005.9.20	スクウェア・エニックス	9684	東証	株式現物売	--	--	申告	100	3270	500	2005.9.26	326475
2005.9.26	野村MRF			MRF買付	--	--	--	724150	1	--	2005.9.26	724150
2005.9.29	双日ホールディングス	2768	東証	株式現物買	--	--	--	500	656	500	2005.10.4	328525
2005.9.30	野村MRF			MRF再投資	--	--	--	1	1	--	2005.9.30	1
2005.10.3	いすゞ自動車	7202	東証	株式現物買	--	--	--	1000	441	450	2005.10.6	441472
2005.10.3	野村MRF			MRF解約	--	--	--	328525	1	--	2005.10.4	328525
2005.10.5	いすゞ自動車	7202	東証	株式現物売	--	--	申告	1000	453	450	2005.10.11	452528
2005.10.5	スターゼン	8043	東証	株式現物買	--	--	--	1000	394	450	2005.10.11	393528
2005.10.5	スターゼン	8043	東証	株式現物売	--	--	申告	1000	383	450	2005.10.11	383472
2005.10.5	野村MRF			MRF解約	--	--	--	441472	1	--	2005.10.6	441472
2005.10.7	野村MRF			MRF買付	--	--	--	159565	1	--	2005.10.11	159565
2005.10.11	日産自動車	7201	東証	株式現物買	--	--	--	622149	1	--	2005.10.11	622149
2005.10.14	日産自動車		東証	株式現物買	--	--	--	100	1266	450	2005.10.19	127072
2005.10.18	野村MRF			MRF買付	--	--	--	127072	1	--	2005.10.19	127072
2005.10.19	双日	2768	東証	株式現物売	--	--	申告	200	624	450	2005.10.24	125272
2005.10.21	野村MRF			MRF買付	--	--	--	125272	1	--	2005.10.24	125272
2005.10.31	野村MRF			MRF再投資	--	--	--	2	1	--	2005.10.31	2
2005.11.4	日産自動車	7201	東証	株式現物売	--	--	申告	100	1196	450	2005.11.9	119128
2005.11.7	双日	2768	東証	株式現物売	--	--	申告	100	623	450	2005.11.10	61828
2005.11.7	日本カーボン	5302	東証	株式現物買	--	--	--	1000	289	450	2005.11.10	289472
2005.11.7	三菱商事	8058	東証	株式現物買	--	--	--	100	2415	450	2005.11.10	241972
2005.11.9	双日	2768	東証	株式現物売	--	--	申告	200	622	450	2005.11.14	123928
2005.11.9	日本カーボン	5302	東証	株式現物売	--	--	申告	1000	298	450	2005.11.14	297528
2005.11.9	三菱商事	8058	東証	株式現物売	--	--	申告	100	2375	450	2005.11.14	237028
2005.11.9	日本電気	6701	東証	株式現物買	--	--	--	1000	629	800	2005.11.14	629840
2005.11.9	野村MRF			MRF解約	--	--	--	488935	1	--	2005.11.10	488935
2005.11.9	野村MRF			MRF買付	--	--	--	119128	1	--	2005.11.9	119128
2005.11.10	野村MRF			MRF買付	--	--	--	19319	1	--	2005.11.10	19319
2005.11.11	野村MRF			MRF解約	--	--	--	19319	1	--	2005.11.14	19319

日付	銘柄			取引						約定日	受渡金額
2005.11.14	野村MRF			MRF買付	--	--	--	47963	1	--	2005.11.14	47963
2005.11.21	双日	2768 東証	株式現物売	--	--	申告	400	610	450	22	2005.11.25	243528
2005.11.21	日本電気	6701 東証	株式現物売	--	--	申告	1000	683	800	40	2005.11.25	682160
2005.11.25	野村MRF			MRF買付	--	--	--	925688	1	--	2005.11.25	925688
2005.11.29	新日本製鐵	5401 東証	株式現物買	--	--	--	2000	409	800	40	2005.12.2	818840
2005.11.30	野村MRF			MRF再投資	--	--	--	1	1	--	2005.11.30	1

慶応大学投資クラブＳＰＥＣ三期代表
春尾卓哉の短期売買日記

✏️ 8月2日

◆地価が上がった！新興不動産がアツい！

　１３年ぶりに東京の路線価が上がったというニュースを聞いた。バブルがはじけてからずっと、土地は悲しいくらいに下がり続けていたが、ついに「下げ止まりか！」と思えるニュースに少し心が騒いだ。また土地が値を上げてくるとしたら、何を買おうか？

　そう、不動産だ！　特に最近は新興市場のＲＥＩＴ関連株は

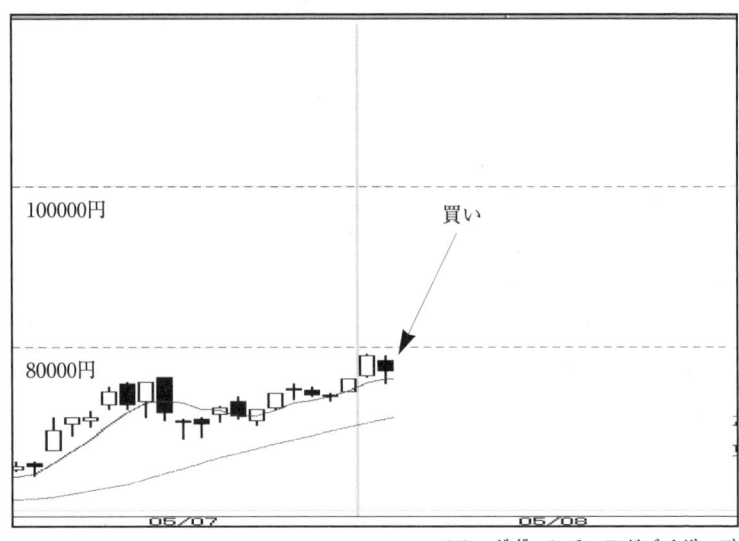

8/2　ダヴィンチ・アドバイザーズ

人気もあって、軒並み株価は上がっている。ＲＥＩＴ関連株といってもいろいろあるが、今回はダヴィンチ・アドバイザーズにしよう。ここの成長率はすさまじく、それに比例して株価の伸びもすごい！　このニュースの波に乗れたら利益を出せる気がする。目標は４３万円でいこう！

◎ダヴィンチ・アドバイザーズを３８万１０００円で１株購入

8月4日

◆郵政法案に暗雲立ち込める

　ダヴィンチが寄付からギャップダウン、含み損が３万円を超える。一体何が起きたというのだ？　どうやら原因は、郵政民営化法案の参議院可決前に中曽根議員が反対派表明をしたことらしい。これを受けて、小泉首相が「郵政法案が通らなかったら衆議院を解散総選挙に追い込む」と発言したことで、東京市場は全体的に下げたようだ。それにしても、買った瞬間にここまで下がるとはひどすぎるぞ。学生にとって３万円って、シャレにならないお金ですよ。

　しかし、１６日に予定されている中間決算では通期予想を上方修正してくる可能性が高い！　市場はそれを織り込んでくるはず。きっと決算前には株価は回復している、はずだ！

◎保有株：ダヴィンチ・アドバイザーズ

8月8日

◆郵政否決！株価は反発！

　後場途中から郵政の採決が始まったが、否決が濃厚になるに従って、日経平均もダヴィンチの株価も下がっていった。このまま、否決になったらどこまで下がるかわからない。ホールドするにも一度売っておいて反発しだしたら買い戻したほうがいいと判断。

◎ダヴィンチ・アドバイザーズを３３万９０００円で１株売却
　資産－５万２０００円

　しか～し、郵政の採決が終了して否決が決定した瞬間から、日経平均は大反発を始めた。理由はまったくわからないが、反発しているという現実を素直に受けとめ、ダヴィンチを買い戻し。

8/8　ダヴィンチ・アドバイザーズ

◎ダヴィンチ・アドバイザーズ３３万６０００円で1株購入

　どうやら、郵政否決はすでに織り込み済みで、材料出尽くしから買われたようだ。

8月16日

◆上方修正されたのに、下げた
　昨日決算が出て上方修正された。これで寄付からギャップアップして、一気に含み損を挽回できると思っていた。が、甘かった。現実は寄付から前日比－１万円、終値は前日比－２万１０００円。想定外のことだ。冷静に考えてみると、上方修正はこれまでの株価に織り込み済みだったのだ。発表された決算が大方の予想通りだったので材料出尽くしで売られたのだろう。予想を裏切るサプライズでもあれば上げたのだろうが……。これが株式市場というものか。現実は厳しい。

◎保有株：ダヴィンチ・アドバイザーズ

8月19日

◆銘柄に惚れないほうがいいのか？
　日経平均が１万３０００円に到達しようとするのに、ダヴィンチは一向に上がらない。ついに我慢できなくなり、寄付で売却。

◎ダヴィンチ・アドバイザーズを３５万円で１株売却
　資産＋１万４０００円

　しかし、売ってから何を買おうか迷っていると、「もう日経平均は高値圏で、僕が買った途端調整に入るのでないか」という不安がよぎり、銘柄を物色できなくなってしまった。ダヴィンチ以外に目がいかなくなってしまったのだ。
　そして、結局、ダヴィンチの株価がさっき売ったときより下がっていたこともあって、買い戻すことに。そして、買ってしまってからすぐに「新興市場にも資金が絶対流れるはず」と自分に言い聞かせていた。よく銘柄に惚れこまないほうがいいと聞くが、"自分、ダヴィンチにドップリハマッってしまいました"。

◎ダヴィンチ・アドバイザーズ３４万４０００円で１株購入

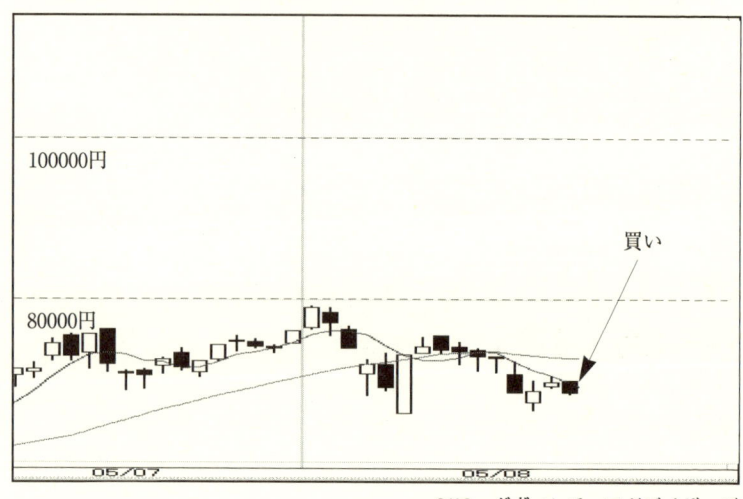

8/19　ダヴィンチ・アドバイザーズ

📝 8月22日

◆ヘラクレスの気配値が一本化された。
　まず、寄付前には気配値がまったく表示されていない。これはかなり怖い。寄り付いた後も、上下の気配の厚みがわからずなんとも不気味である。このことでデイトレーダーがいなくなり、ファンダメンタルが重視されるだろうと思ったけど、おかまいなく普通に下げた。これは近いうちに大きな売りが入るかもしれないな。

◎保有株：ダヴィンチ・アドバイザーズ

📝 8月23日

◆ダヴィンチ売却、完敗
　いつ暴落するかわからない恐怖に耐えられなくなり、またもやダヴィンチを売却。織り込み済みという概念を想定しておかないといけないこと、材料は公表された時点で出尽くしになり売られることを学んだ。特に、ダヴィンチのような新興市場の人気銘柄は、決算後に売られることが多いようだ。

◎ダヴィンチ・アドバイザーズを３４万１０００円で１株売却
　資産－３０００円

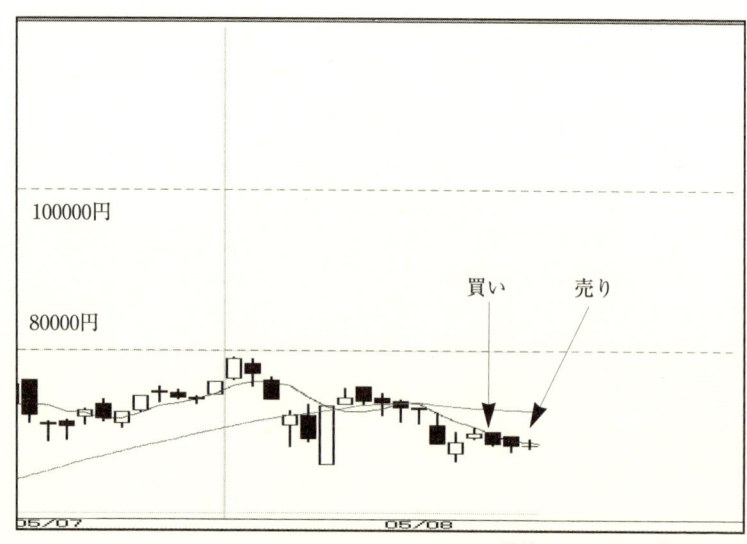

8/23　ダヴィンチ・アドバイザーズ

📝 8月26日

◆**減益の理由は、営業不振じゃない！**

　今日は、アルバイトタイムスを購入。アルバイトタイムスは、6/21の1Q決算から30％近く株価を下げている。その理由は、1Q決算の経常利益が前年比－73％であったためである。

　しかし、この減益は営業不振ではなく、首都圏で大々的に『無料求人誌DOMO』のプロモーションを行ったからである。そこで使った広告費500百万円を、1Q決算にすべて計上したためである。

このように、決算内容が極端に前回と異なる場合、特別利益や特別損失が計上されているケースが多いので、よく吟味しなければいけない（ここでは広告費なので特別損失ではない）。
　なお、通期の会社予想は「後半に５００百万円の先行投資分を取り戻し、経常利益で２４．３％増」としている。会社の予想通りにいくと、今の株価は激安価格であるし、中間決算前にはいくらか株価も回復するだろうと思う。実際に株価は郵政否決で、ボトムをつけた後、９００円台をさまよっていたが、ついに、１０００円を超えてきた。ここから、一気に上昇トレンドになるかもしれない。期待を込めて「買い」を決断。

◎アルバイトタイムスを１０３１円で２００株購入

8/26　アルバイトタイムス

🖉 8月29日

◆ジャスダック、システム障害！

　アルバイトタイムスが値を上げている。今日も寄付前の状態で、気配値は１１００円を超えている。「よし！間違いない。アルバイトタイムスが上昇トレンドに乗るぞ！」と思っていたら、いつまで経っても寄り付かない。９時１０分、９時３０分と時間が経っても寄り付かない。「ストップ高でも何でもないんだが何故だろう」と思い、ジャスダックのホームページを見てみると、どうやらシステム障害で復旧は未定とのこと。そうこうしているうちに、気配値は少しずつ下がってきて、気づいたら１０８０円付近まで落ちていた。オイオイ勘弁してくれって。

　後場の寄付には復旧したものの、上昇トレンド復活に水を差

8/29　アルバイトタイムス

されたように感じた。とりあえず、利益も出ていることだし寄り付いたところで売却した。システム障害は株価に悪い影響を及ぼす可能性がある。念のためご注意を。

◎アルバイトタイムスを１０８６円で２００株売却
　資産＋１万１０００円

9月2日

◆ガリバー、ＦＴＳＥ世界指数に採用

　今日はガリバーインターナショナル（以下、ガリバー）を購入。ガリバーもアルバイトタイムスと同様にここしばらく下げ続けている銘柄だ。特に８月１２日以降、ドイツ証券が目標株価を１５０００円から１２２００円に大きく下げたことが引き金となって、下げ幅が加速した。このように、証券会社によるレーティングや目標株価の上げ下げで株価は大きく動くことがある。注意しなければならない。

　しかし、ここにきてガリバーがＦＴＳＥ世界指数に採用されたことがわかった。

　ＦＴＳＥ世界指数とは、世界中の約１９００の銘柄から構成される指数で、世界の株価のベンチマークに使われているようだ。そうなると、このＦＴＳＥ世界指数に連動するような投資信託から買いが入るのではないだろうか。ＰＥＲも割高な印象はなく、ＲＯＥは３５．０％と驚異的な効率で利益を出している。

◎ガリバーインターナショナルを１万２３５０円で２０株購入

9/2　ガリバーインターナショナル

9月5日

◆**案の定下がってきました。**

　8月に売った後、アルバイトタイムスがジワジワと下がってきた。株価は1000円を割った。しかし、郵政否決以来、下値は切り上がっている。東証の大型株もそろそろ一服して新興市場に資金が流れてくるような気がする。いつ、噴くかわからない「持たぬリスク」をとりたくないので購入してみよう。

◎**アルバイトタイムスを986円で100株購入**

9/5 アルバイトタイムス

9月7日

◆**上値が重い**

　さっそくアルバイトタイムスは6日に上げたものの、その後、上値の重い展開が続いている。信用買残も減らない。再び1000円まで戻る可能性が高いので、とりあえず利食いしておく。

◎アルバイトタイムスを1037円で100株売却
　資産＋5100円

9/7　アルバイトタイムス

✏ 9月12日

◆ひとまず利益確定

　ガリバーが２５日移動平均線をなかなか超えられないでいる。どうやら、この２５日移動平均線が上値抵抗線になっているようだ。また反落する可能性も出てきた。とりあえず短期で利益も出ていることだし、一旦利食いしておこう。２５日移動平均線を簡単に抜けるようなら、買い戻しも検討するつもりだ。

◎ガリバーインターナショナルを１万３１２０円で２０株売却

15000円

14000円

13000円

12000円

買い

売り

05/08　　　　　　　　　05/09

9/12　ガリバーインターナショナル

9/12　レーサムリサーチ

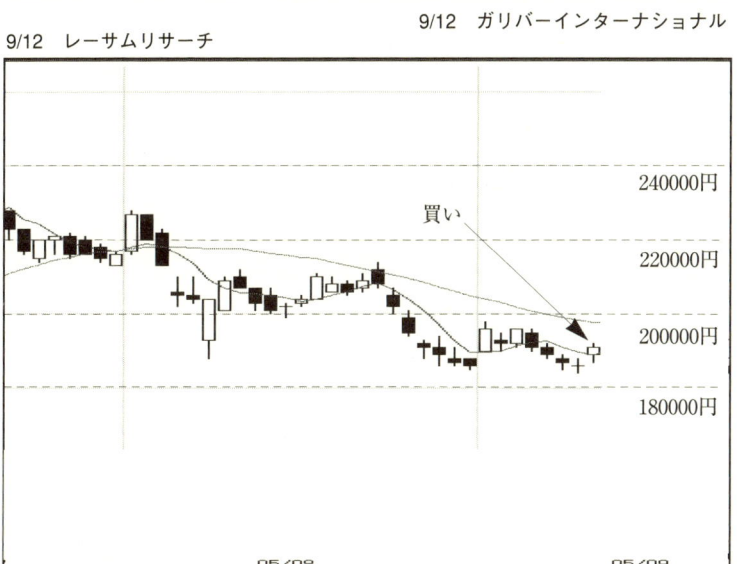

240000円

買い

220000円

200000円

180000円

05/08　　　　　　　　　05/09

資産＋1万5400円

　その後、テクニカル的に反発しそうなレーサムリサーチを購入。ストキャスティクスが30％を上抜いてきたことと、前日の18万5000円付近をサポートラインに反発し、結果2番底をつける展開となると予想したことも購入理由。

◎**レーサムリサーチを18万6000円で1株購入**

　ちなみに、2番底をつけると思った根拠は、「レーサムリサーチは不動産関連株。ダヴィンチ等が爆上げしている中、下げ続けている。そろそろ出遅れ株として買われるのでは？」と思ったことにある。

9月13日

◆**読みが的中！**
　早速、レーサムリサーチが上げてくれた。早すぎるかと思ったが、"利食い千人力"という格言を思い出して、25日移動平均線付近で利益確定した。

◎**レーサムリサーチを19万5000円で1株売却**
　資産＋9000円

　その後、1000円を割ってきたアルバイトタイムスを全力で購入。そろそろ、また大きく動き出すのではないかと、期待

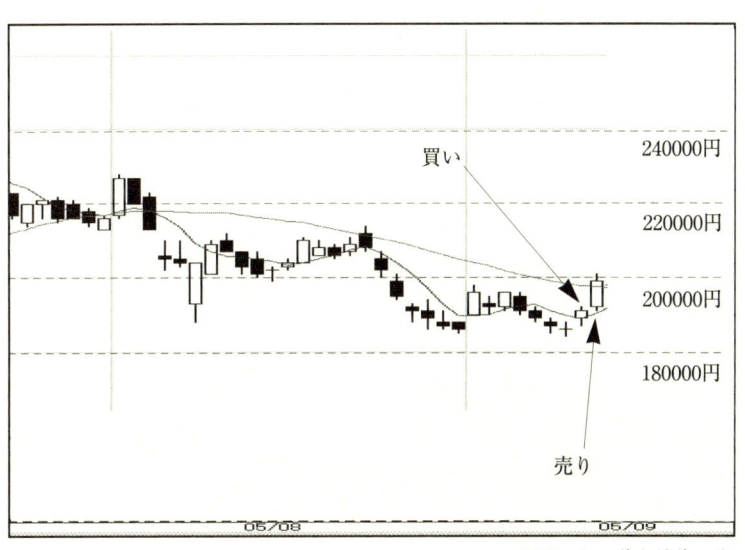

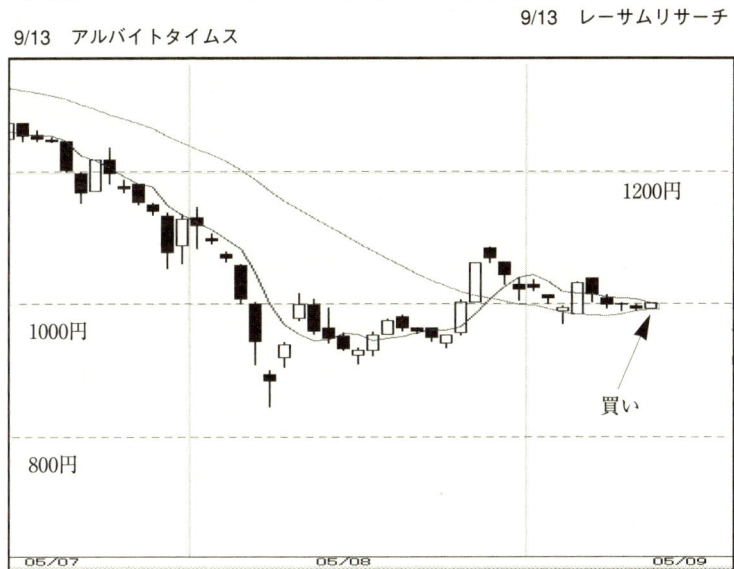

9/13 レーサムリサーチ

9/13 アルバイトタイムス

感も最高潮だ！

◎アルバイトタイムスを９９０円で４００株購入

9月14日

◆悔しいですわ
　８月に損切りしたダヴィンチが最初の買値まで戻してきた。なんか悔しくて、無性にダヴィンチで利益を出したくなった。アルバイトタイムス売り、そのお金でダヴィンチを初めて買ったときと同じ株価で購入。

◎ダヴィンチ・アドバイザーズ３８万１０００円で１株購入
◎アルバイトタイムスを＠９９９円で４００株売却
　資産＋３６００円

　一旦は上がったが、また下げてきたので「自分、チキンだな」と思いつつ売却。超少額ながら、利益を出せて少しだけリベンジを果たせた。その後、アルバイトタイムスを半分買い戻すことに。

◎ダヴィンチ・アドバイザーズ３８万２０００円で１株売却
　資産＋１０００円
◎アルバイトタイムスを９９８円で２００株購入

売り&買い

100000円

80000円

05/08　05/09

9/14　ダヴィンチ・アドバイザーズ

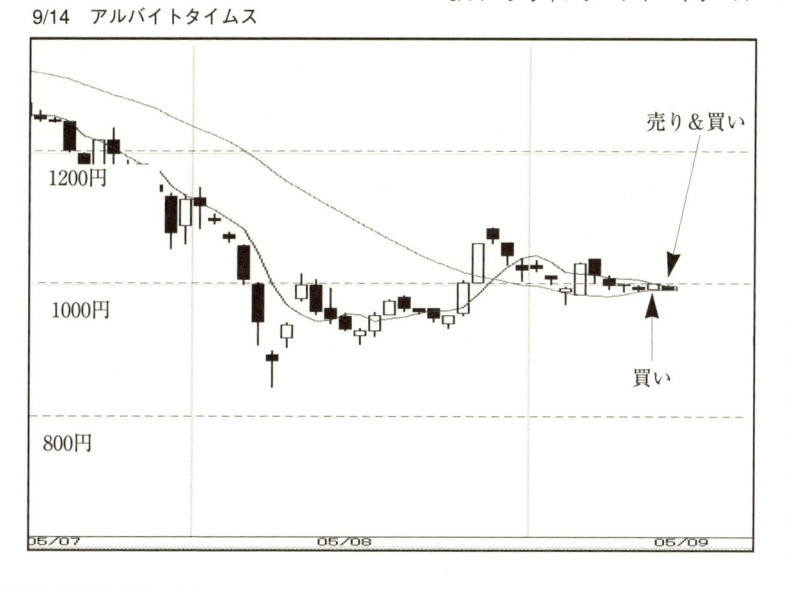

9/14　アルバイトタイムス

1200円

売り&買い

1000円

買い

800円

05/07　05/08　05/09

📝 9月17日

◆アルバイトタイムス、日経新聞で中間減益記事

　日経新聞で「アルバイトタイムス、中間経常利益５２％減」という記事が発表された。すごい悪材料に聞こえる記事である。確かに、会社自身も「中間では、広告費５００百万円を吸収することはできない」と予想しているが、この記事が出した売上、経常利益はともに会社予想を上回るものであった。これはむしろ好材料ととれないこともない。それにしても、こういう書き方をされると本当に悪材料に聞こえるよなぁ。

◎保有株：アルバイトタイムス

📝 9月20日

◆やっぱり落ちた

　寄付から大量の成り行き売り注文が出ている。気配値は９６０円くらいを指していた。さらに、日経平均が１万３０００円を超えてきていることを見て、東証に資金が回っているのだと気づいた。ここは潔く損切りして、東証に資金を回したほうが賢明だろう。

◎アルバイトタイムスを９４９円で２００株売却
　　資産－９８００円

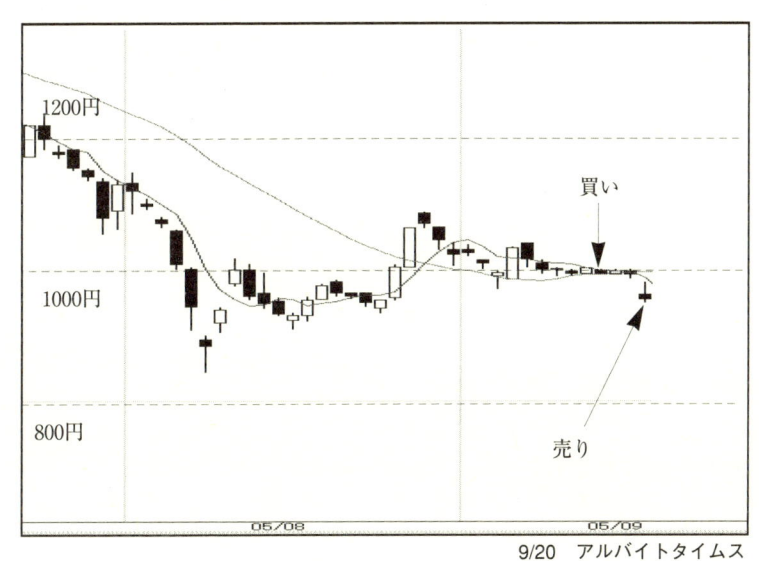

9/20 アルバイトタイムス

9/20 ガリバーインターナショナル

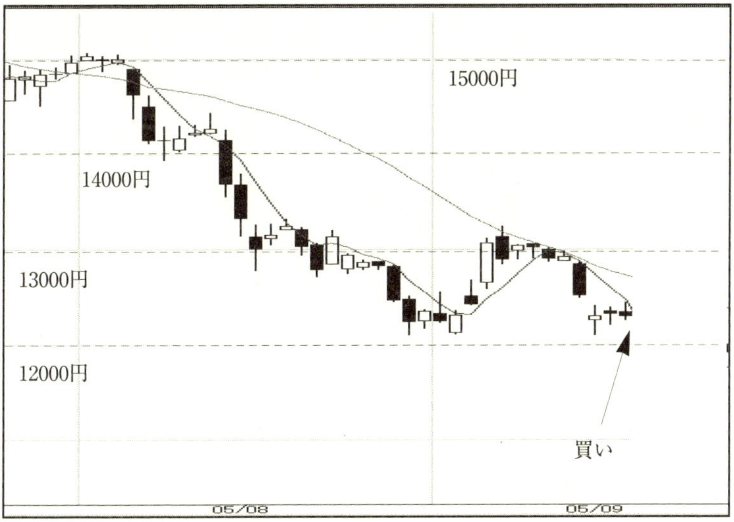

181

と思ったのに、あろうことか、ここで何となく下がっていたガリバーを購入してしまった。ひとつ売却するとすぐに次を買わなければいけない気持ちになってしまう。もっとよく考えて買うべきだったな。

◎ガリバーインターナショナルを１万２２８０円で１０株購入

9月21日

◆損切りは早くするべし
　ガリバーが朝から下げていた。すぐに損切りした。終値は１万１６９０円だったので、賢明な損切りとなった。

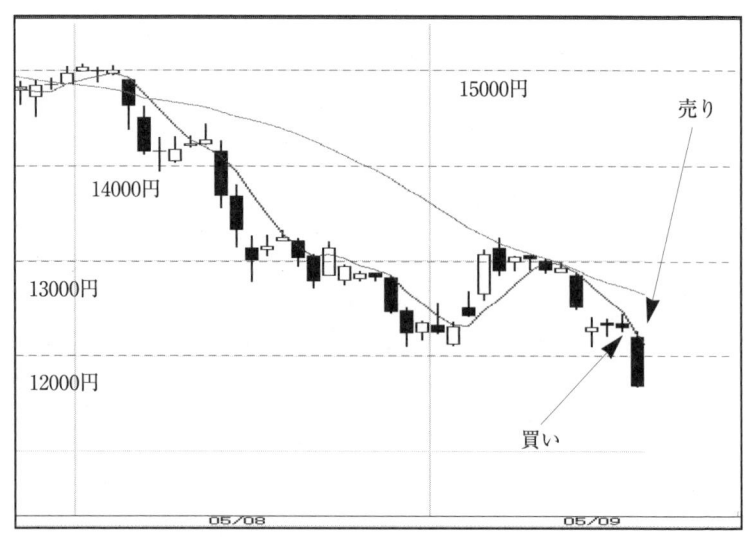

9/21　ガリバーインターナショナル

◎ガリバーインターナショナルを１万２０９０円で１０株売却
　資産－１９００円

9月22日

◆デイトレード！
　日経平均が爆上げしているのに、短期で上がりすぎたことによる調整を怖れて、東証銘柄を買うことに踏み切りがつかないでいる。そんな中、長い間、１６～１７万のボックス圏で動いているアパマンショップネットワークがついに１６万を割った。と思ったら、すぐに反発。ボックス圏の底なので、少しは利益が出せると思い買いを入れてみた。

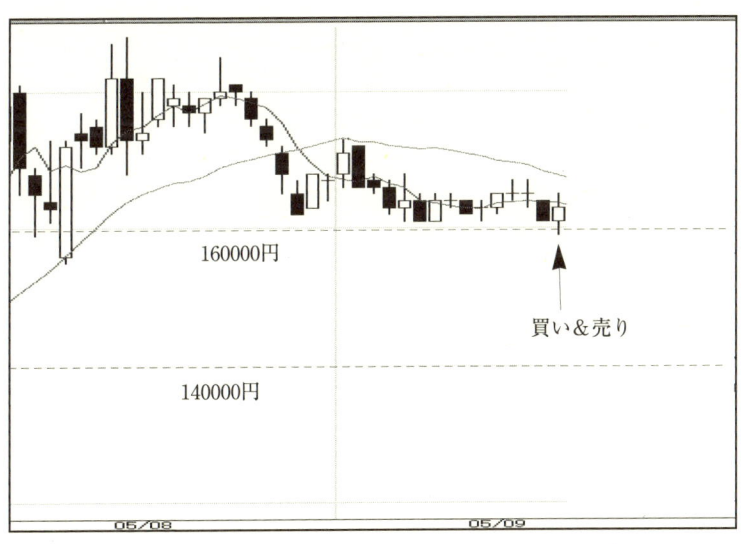

9/22　アパマンショップネットワーク

◎アパマンショップネットワークを16万1000円で2株購入

　上値16万5000円を付けてから、下げ基調に入ったので売却。結果、デイトレードになったが、思ったより利益が出せたので満足。ちなみに、今日の売買は携帯から行った。外出していてもトレードができるとはいい時代だ。

◎アパマンショップネットワークを16万4000円で2株売却
　資産＋6000円

9月26日

◆買った直後に下方修正！
　この前に売ったときより、ガリバーの株価がずいぶん下がってきた。さすがにテクニカル指標からみても売られすぎだろう。具体的なテクニカル指標は次の2つ。

①ボリンジャーバンドの－2σを下に突き抜けた。
②ストキャスティクスも0％から20％と上がって買いサインと考えられる。

　さらに出来高もかなり増えており、これはトレンド転換の前兆のような気もする。といっても、まだ株価は落ちるかもしれないので、少しだけにしておく。

◎ガリバーインターナショナルを1万1660円で10株購入

この日の終値は1万1970円と順調に上がっていたので、買い増しも検討していたらなんとガリバーが下方修正を発表したではないか！　どうやら、連結子会社の業績が不調のようだ。冗談だろ。最悪だ！　日経平均はこんなにも上がっているのに、なんで僕だけこんな目に遭っているんだ！　今は明らかに大型株、主力株に資金が流れている。ガリバーをはじめ、中古車業界は魅力的だが、やっぱり今は主力株をあたるべきだ。買い増ししなかっただけマシか。次の日、寄付で売却。

◎ガリバーインターナショナルを1万1290で10株売却
**　資産－3700円**

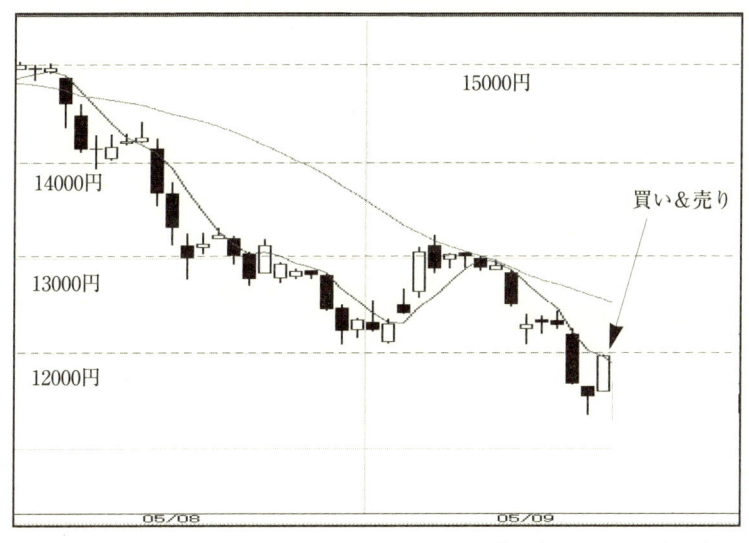

9/26　ガリバーインターナショナル

📝 9月28日

◆**東証一部の出来高、連日バブル期並！**

　9/11の衆議院選挙で自民党が圧勝してから、明らかに東証1部の出来高が増えている。特に、30億株というのはバブル期並の水準のようだ。こうなると証券会社の手数料収益が期待できそう。で、調べてみたところ、証券セクターの大手、野村、大和、日興はすでにかなり上がっていて買いにくい。そこで、直近の高値を今にも更新しそうなチャートを形成している松井証券に着目してみた（今のような異常なまでの上昇相場ではテクニカル指標なんて見てはいけない。おそらく、ボリンジャーバンドは＋2σを突き抜けているだろう）。さらに、同社の7～9月期の経常利益が過去最高益になるだろうという、松井社長のインタビュー記事をみて、購入を決意。

◎**松井証券を1279円で300株購入**

9/28　松井証券

10月3日

◆日銀短観サプライズなし、東京市場調整局面の可能性

　本日、寄付前に日銀短観が発表された。前回6月調査に比べ改善されたものの、市場予測を下回ることになった。これを機に短期で上がりすぎた主力株は一時的にブレーキがかかる可能性が高まった。仮に日経平均が調整してきた場合、この株も連れ安になる可能性はかなり高い。すでに利益も出ているし不安を抱きながらホールドしたくないので売ることにした。

◎松井証券を1367円で300株売却　資産＋2万6400円

　その後、アルバイトタイムスが珍しく上げていることに気づく。久々に大きな買いが入るかもしれないと思い購入。

◎アルバイトタイムスを820円で300株購入

　買った途端に、また急激に株価を上げたことにびっくりしてしまい、すぐに利益確定。しかし、終値は885円だった。デイトレは売り時が難しい。

◎アルバイトタイムスを845円で300株売却
　資産＋7500円

10/3 アルバイトタイムス

10/3 松井証券

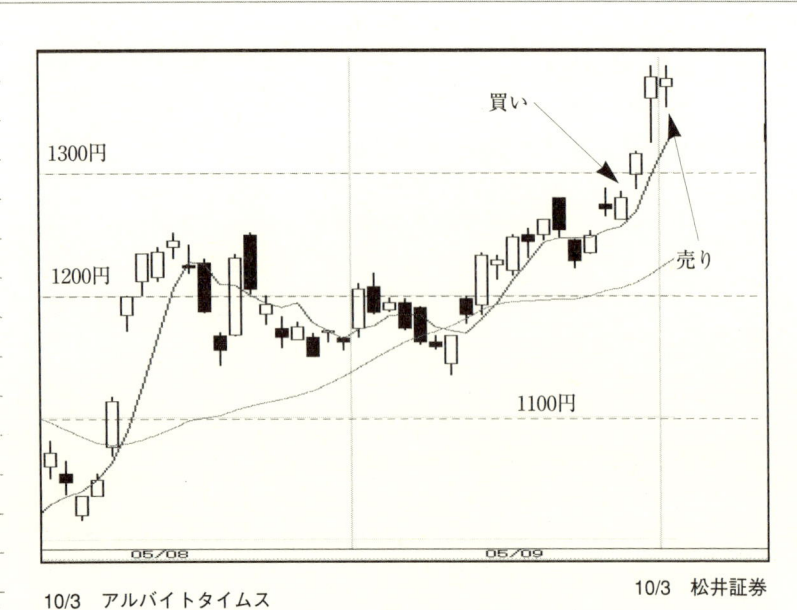

📝 10月4日

◆資金は循環するもの

　東証は先行き不安で売られているため、一時的に新興市場の出遅れ株に資金が回ってくるような気がする。さらに、セクター別でも、上がっている証券セクターに比べ、その他金融セクターは出遅れ感がある。次はこっちに資金が回ってくるのではないだろうか。ということで、SBIグループの中核をなすファイナンスオールを買う。

◎ファイナンスオールを10万1000円で3株購入

10/4　ファイナンスオール

🖉 １０月５日

◆さっそく損切り…
　ファイナンスオールが心理的な支持線１０万円をあっさり下抜いた。安値を更新する可能性も出てきた。よって、悔しいが損切り。

◎**ファイナンスオールを９万８９００円で３株売却**
　資産－６３００円

10/5　ファイナンスオール

10月6日

◆**日経平均暴落**

　東証に下げ幅３００円を超える大幅な調整が入った。１０月３日の日銀短観があまり良くなかったことも売り要因のひとつだろう。たかが経済指標といっても、アメリカ市場の暴落などとの負の相乗効果で、予想以上のパワーを生むとわかった気がする。

　しかし、そんな全面安の中、建設機械株だけは下がっていない。理由は、すでに調整がなされている可能性が高いからだ。９月２６日に「カトリーナ」や「リタ」などの大型ハリケーンがアメリカを襲ったことで、復興のための建設機械特需が発生すると考えられてか、窓を開けて高騰した。その後、日経平均

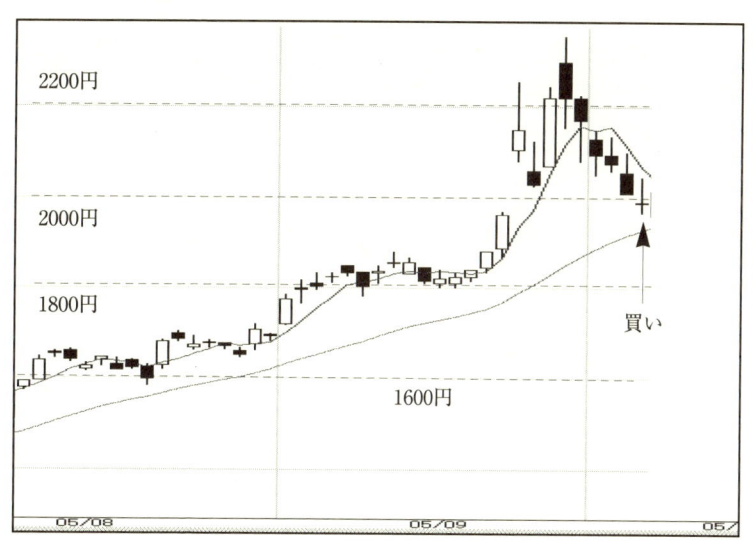

10/6　日立建機

の調整とともに２５日移動平均線付近まで株価は調整してきた。急速に進んでいる円安も追い風になるだろうし、資源発掘は今後も盛んに行われていくと考えると建設機械の需要は続くだろう。だとすると、今は絶好の押し目と言えそうだ。中間決算で上方修正も期待できる。

◎日立建機を１９８９円で２００株購入

１０月１１日

◆想定外だが上がった！
　日経平均が１万３５００円に回復した。短期的に下げすぎていたことと、場中に発表された機械受注統計が良かったことが「上昇」を後押ししたようだ。さらに、インドに支店がある日立建機にいたっては、８日のパキスタン地震による思惑買いも入り大幅高となった。本日の終値は２１８０円。

◎保有株：日立建機

１０月１３日

◆ＳＱに備えて回転売買
　明日は、第２金曜日なので先物のＳＱである。市場が荒れる可能性があること、日経平均も昨日は上ヒゲをつけて下げてい

ることなどを考えると、25日平均線くらいまでは下げそうなのでひとまず半分利益確定しておく。

◎日立建機を2090円で100株売却　資産＋1万100円

　しかし、日計り取引の場合、復路分の手数料がタダなので、その日のうちに買い戻してしまった。また、いつ上がるかわからないので「持たぬリスク」はとりたくなかったのだ。

◎日立建機を2060円で100株購入（持ち株200株の平均取得単価は2040円）

10/13　日立建機

🖉 10月14日

◆日経平均、先物に右往左往

　寄付は前日比プラスで始まった日経平均だが、先物が急落するのと同時に日経平均も急落した。やはりＳＱとあって先物が動く。それと連動して日経平均も動く。さらに日経平均に連動して、日立建機も動く。そんなわけで今日も回転させて、損を減らした。これは手数料が安いからできることである。本当に便利だ。

◎日立建機を２０６０円で２００株売却　資産＋４０００円
◎日立建機を２０４０円で２００株購入

10/14　日立建機

📝 10月24日

◆アメリカの同業他社も視野に入れるのか

　本日、日立建機がかなり下げた。どうやら、アメリカの大手建設機械会社、キャタピラーが下方修正を発表したことに原因があるらしい。日本の同業他社、コマツの動向は気にしていたがアメリカまでは視野に入れてなかった。もっと早く気付いていれば、売り抜けることができたかもしれないが……。25日平均線も下抜けてしまった。下方トレンドに入ったらどうしよう。

◎保有株：日立建機（本日終値1947円）

📝 10月25日

◆ひと安心

　今日は日立建機が下げずに反発した。野村證券の投資判断は依然「強気」なので、決算までホールドし続けよう。

◎保有株：日立建機（本日終値1994円）

📝 １０月２７日

◆キャタピラーショックも大したことないな

　日立建機が勢いよく上がっている。どうやら、米キャタピラーの下方修正は絶好の押し目を形成しただけだったようだ。決算も近づいてきたが、仮に期待はずれの決算だったら、これまで期待されてきたぶんショックも大きくなるだろう。

　上方修正してくる自信はあるが、決算持ち越しはそれなりにリスクをとることになる。株価も上がってきたことだし、半分利益確定しておこう。

◎日立建機を２１９０円で１００株売却　資産＋１万５０００円

　売却後すぐに、ファイナンスオールを２株購入した。前回、損切りした後に発表された通期決算を見ると、売上高は前年比＋３６.５％、経常利益は前年比＋１１０.２％と期待通りの数値にあったからだ。さらに、今期予想も半期ベースでの売上高、経常利益ともに成長率はすごいことになっている。やっぱり、ファイナンスオールはすごい！　惚れ直した。ちょうど、上昇トレンドに乗っていこうとする中、押しているので買ってみた。

◎ファイナンスオールを１０万９０００円で２株購入

買い
売り

2200円
2000円
1800円
1600円

05/09　05/10

10/27　日立建機

10/27　ファイナンスオール

買い
120000円
110000円
100000円

05/09　05/10

197

📝 10月28日

◆日立建機、通期上方修正！

　引け後に中間決算が発表された。当初の予想通り、通期予想を上方修正してきた。しかも市場予測は、経常利益４００億だったが修正予想は４２０億と上回った。これで、９月末の高値２３５５円を目指して上がっていくと期待できる。

📝 11月1日

◆東証システムトラブル！

　東証の全銘柄の気配値が、寄付前に表示されていない。嫌な予感を抱きつつ、調べてみるとシステムトラブルとのこと。しかも、前場どころか、後場になっても復旧しない。シンガポールの日経平均先物は高くなっていて、今日も上げると期待していたが、前にあったジャスダックのトラブルのように水を差されるかもしれないと覚悟した。しかし、寄り付いてからは「トラブルなんて関係ない」と言わんばかりに大幅高。日経平均も１万４０００円超えまでもう少し！

　保有銘柄では、日立建機は順調に上がっているが、ファイナンスオールがよくない。やはり資金は大型株にいっているのだろう。ここは我慢のしどころかな。

📝 11月4日

◆**ファイナンスオール、塩漬けになる！**

　日経平均がついに1万4000円を突破したのに、ファイナンスオールは4日連続で下げている。10万9000円で買ったのに、すでに10万1000円になってしまった。どうやら、モルガンの売りがまだ続いているようだ（当時、保有割合を減らし続けていた）。しかし、まだ買って1週間だし、もう少し様子をみよう。

　日立建機がまた、25日移動平均線あたりまで調整に入るような気がしてきたので売却することにした。先月から日立建機で何度も利益が出せた。また頃合いを見計らって参戦したい。

◎**日立建機を2230円で100株売却　資産＋1万9000円**

　そして、日立建機売却後に、ワタベウェディングを買ってみた。同業他社のテイクアンドギヴニーズがすごい勢いで上昇している中、ここは出遅れ感がある。PERも15倍弱と割安感が強い。チャートも少しずつ切り上がっている感じなので、近々大幅高になる可能性もありそうだ。

◎**ワタベウェディングを1979円で100株購入**

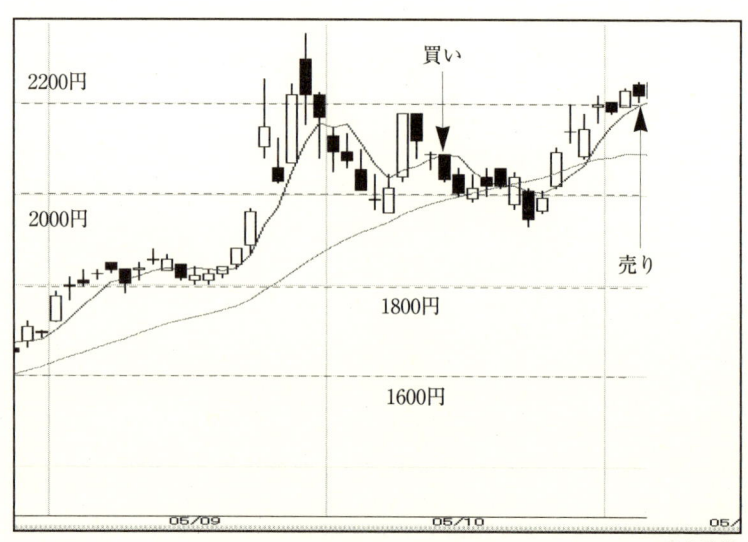

11/4　日立建機

11/4　ワタベウェディング

🖉 １１月８日

◆**今年最高の大商い**

　場中、１４時３０分の段階で東証一部の出来高は４０億株を超えることが確実となった。出来高が増えると連想されるのは、前にも買ったが証券セクターである。しかし、野村をはじめとした大手証券株は、すでに高値圏に入っている。

　そこで、また松井証券に目をつけた。ほかの証券株が軒並み上げているのに、この株だけ出遅れている。明日は今日の出来高を材料に上がると予想して買いを入れる。資金作りのためにファイナンスオールを１株損切り。

◎ファイナンスオールを１０万３０００円で１株売却　資産－６０００円
◎松井証券を１３１０円で１００株購入

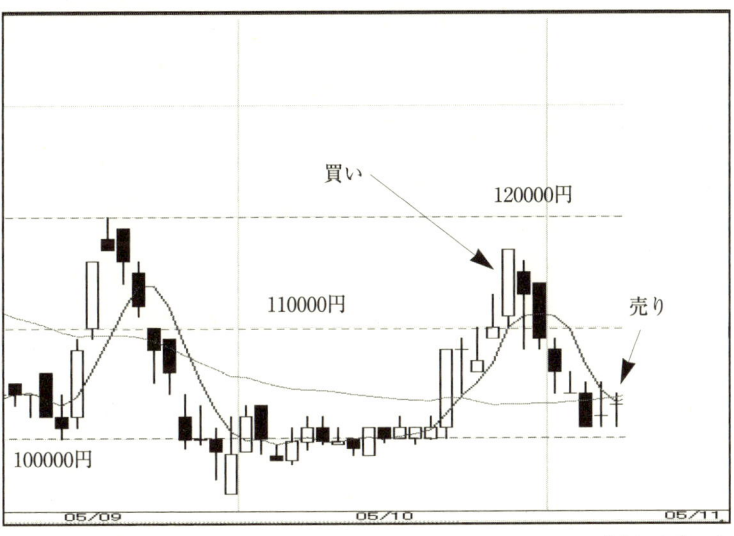

11/8　ファイナンスオール

1300円

1200円

買い

1100円

05/09　05/10　05/1

11/8　松井証券

📝 11月9日

◆円安効果で上方修正

　昨日売った途端、今日はファイナンスオールが買値まで戻す強い展開だった。松井証券に乗り換えたのが裏目に出た形だが、松井も上がっているので良しとしよう。

　今日の本題は、引け後に中間決算の事前上方修正が出たバーテックススタンダードである。この銘柄は円安の恩恵を大きく受けることで、株価1000円あたりから目をつけていた。本日の上方修正で、自信が確信に変わった。現在の株価は1145円でPERは16倍程度、PBRは0.6倍程度である。22

日の中間発表でほぼ確実に通期の上方修正もなされるだろうから、予想PERは現在の株価で11倍程度になると思われる。明日、MM銘柄ということもあって、すごい値動きをすると思う。保有株をすべて売ってでも買いに走りたい。

◎保有株：ファイナンスオール、ワタベウェディング、松井証券

11月10日

◆バーテックス祭り

　昨日の予想通り、すごい値動きをした。MM銘柄とあって値幅制限がなく、寄付から15分で一時前日比＋30％を超えていた。この凄まじいまでの勢いで上がっていく様子は、投資を始めて以来見たことがない。最もエキサイトした時間だった。結果的に前場でかなり利益を出すことができた。

　しかし、後場に買い戻した後に下がる。窓を開けて上昇しているだけに明日が少々不安であるが、長期的には絶対の自信がある。目標株価はPBR1倍の1800円としたい。

◎ファイナンスオールを10万9000円で1株売却　資産±0円
◎ワタベウェディングを2000円で100株売却　資産＋2100円
◎松井証券を1350円で100株売却　資産＋4000円
◎バーテックススタンダードを1280円で200株購入
◎バーテックススタンダードを1410円で200株売却
　資産＋2万6000円
◎バーテックススタンダードを1287（平均取得単価：134

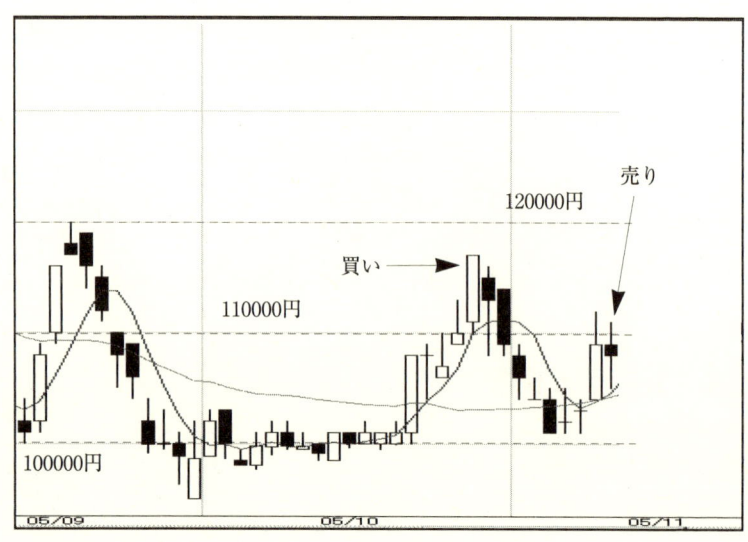

売り
120000円
買い
110000円
100000円
05/09　05/10　05/11

11/10　ワタベウェディング　　　　　　11/10　ファイナンスオール

買い
2000円
1800円
1600円
売り
05/09　05/10　05/11

11/10　バーテックススタンダード　　　　　　　　　　　11/10　松井証券

0円　1280円　1240円)で300株購入
◎バーテックススタンダード1260円で100株売却
　資産−2700円

📝 11月11日

◆やはり強いバーテックス

　僕の心配も何のその。ちゃんと上げてくれた。来週、どうしても買いたい銘柄があるので100株だけ利益確定しておく。

◎バーテックススタンダードを1330円で100株売却
　資産＋4300円

11/11　バーテックススタンダード

11月14日

◆牛肉関連を先読み

　アメリカ産牛肉輸入関連を先読みしてみる。今月、１６日の午前中に京都で日米首脳会談が行われる。そこでは牛肉輸入の話もされるだろう。この会談で、牛肉輸入が進展するようなコメントが出されれば、また牛肉関連が噴くことになるだろう。そういうわけでスターゼンを買った。

　スターゼン購入の理由は国内牛肉ディーラートップであること。つまり、輸入再開で一番恩恵を受けると思ったのである。１０月５日の牛肉関連暴騰のときも一番の値上がり率を記録したのがスターゼンだった。、下値リスクは少ないと思うので大いに期待しよう。

◎スターゼンを３６２円で１０００株購入

11/11　スターゼン

📝 11月16日

◆日米首脳会談にサプライズなし

　外に出ていたため携帯からの注文だが、後場寄付前には特買いの気配は感じられない。ということは、日米首脳会談後の記者会見でのサプライズがなかったものと判断して売ることにした。

◎スターゼンを３６２円で１０００株売却　資産±０円

　そして、すぐに反発している日立建機を購入。ここしばらく下げていて２５日平均線を割っていたが、特に悪材料もなく中期的には今期決算で大幅な増収増益も見込まれる。また機械セクターの平均ＰＥＲが２０.８倍に対し、日立建機のＰＥＲ１８倍は割安感も強いと考えられる。また、ここにきて為替も１ドル＝１１９円と２年３ヶ月ぶりに安値を更新したとか。円安は日立建機にとって追い風である。

◎日立建機を２０７０円で１００株購入

　さらに、前日に村上ファンドによる保有株売却が明らかになったダイナシティを購入。村上ファンドは手放したが、ＰＥＲは１４倍で、今期も大幅増収増益が期待できる。また、前日には「首都圏、近畿で１０月の月間マンション発売戸数が今年に入り最高を記録した」という報道もあった。ファンダメンタルで非常に魅力的だ。比較的長く持てば良い結果が出るのではないだろうか。

◎ダイナシティを３万１２００円で２株購入

11/16　スターゼン

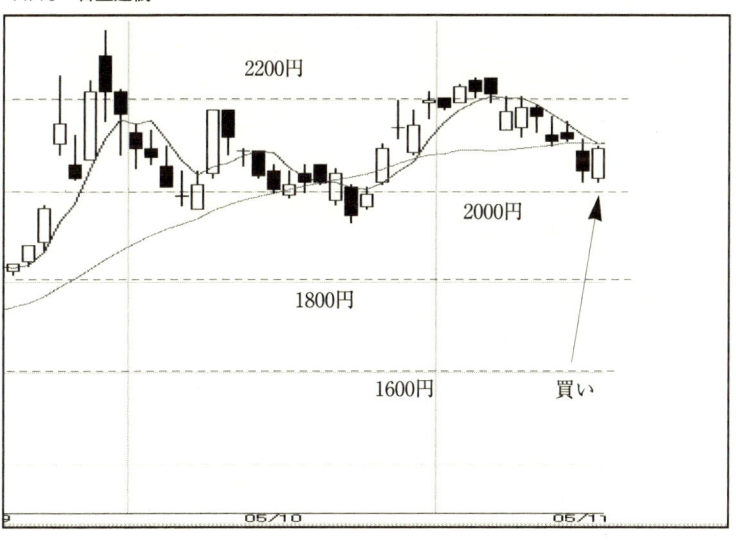

- 400円
- 380円
- 360円
- 340円

買い

売り

05/10　05/11

11/16　日立建機

- 2200円
- 2000円
- 1800円
- 1600円

買い

05/10　05/11

11/16 ダイナシティ

✏️ 11月18日

◆日立建機、日経平均と連動しない！

　本日、日経平均は寄付から高値を更新して、ザラバで1万4600円まで回復した。
　しかし日立建機は上がる気配がない。上値の板が重いようだ。まだ高値を目指すことはないように思えたので利益確定。今回は買った翌日に上がった。運が良かった。

◎日立建機を2175円で100株売却　資産＋1万500円

11/18　日立建機

　そして、メッツを購入。メッツは防犯カメラなどのセキュリティーソフトと不動産販売を手がけている。営業利益率は２０％を超えており、その業界を独占していると思われる。また中間期における通期の進捗率から見ても確実に上方修正をするだろう。ちなみに、バーテックスがじわじわ上げている。決算は来週火曜なので楽しみである。

◎メッツを６万６０００円で１株購入

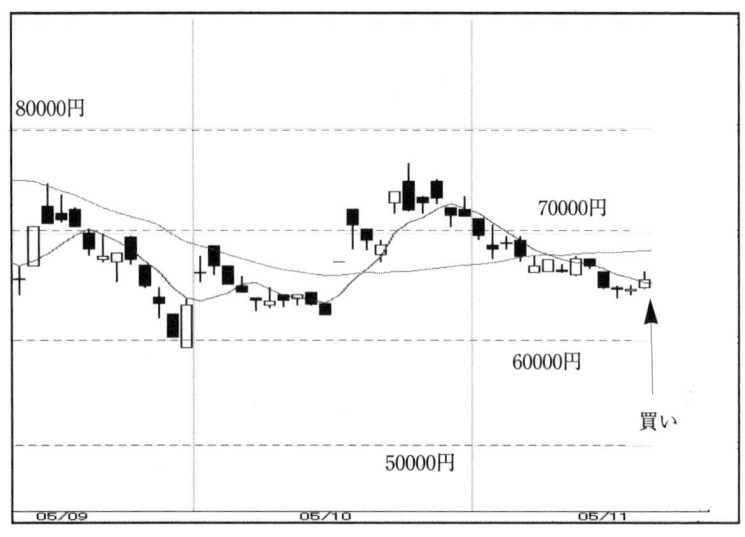

```
80000円




                            70000円


                     
                            60000円
                            買い
                     50000円
05/09        05/10           05/11
```

11/18 メッツ

📝 11月22日

◆想定外の不祥事

　姉歯問題で不動産関連は全面安。ダイナシティはいきなり大きな含み損を抱える形になってしまった。しかし、姉歯事務所が直接関与していなければ、先月の日立建機のキャタピラーショックのように、すぐ戻ると判断。よって買い増しを決行。引け後の開示によるとダイナシティと姉歯事務所は関係がないらしいので、ひと安心。

◎ダイナシティを3万550円で3株購入

11/22 ダイナシティ

📝 11月24日

◆バーテックス大幅マイナス

　バーテックスが前日比−１０％近くマイナスになった。決算発表で材料出尽くし感があったことと、通期予想を上方修正したものの保守的な数字でサプライズがなかったことが原因だろう。しかし、中期的には上がっていく要素が多いので本日買い増しを決行。

◎バーテックススタンダードを１２８０円で１００株購入

　また、ダイナシティが業績の下方修正を発表。売上、経常利

益は高成長をとげているが、当期利益は赤字予想になった。理由は関係会社の株式評価損を一括勘定したためのようだ。姉歯問題に引き続き悪材料が出てしまったが、本業は調子がいいようなので目先の問題にうろたえず、下がるようでもしばらく耐えたいと思う。

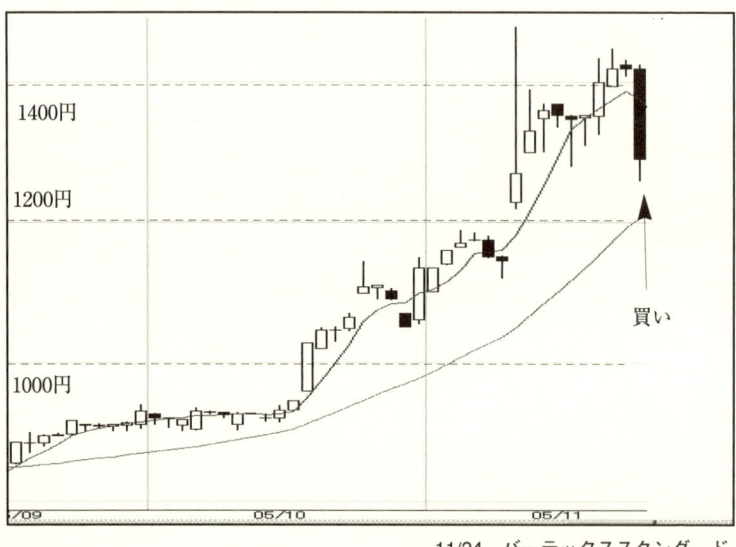

11/24　バーテックススタンダード

📝 11月30日

◆終了！
　4ヶ月の期間も今日で終わり。本日までの保有株は以下の通り。

◎保有株：バーテックススタンダード、ダイナシティ、メッツ

約定日	受渡日	銘柄		口座区分	取引	約定数量	約定単価(F)	約定代金(F,手数料(円)	税金(円)	税区分	受渡金額(円)
2005.8.3	2005.8.8	ダウ	4314	特定	買付	1	381,000	381,000	500	25		381,525
2005.8.4	2005.8.9	ダウ	4314	特定	買付	1	351,000	351,000	432	23		351,525
2005.8.4	2005.8.9	ダウ	4314	特定	買付	1	348,000	348,000	-	-	源徴あり	348,000
2005.8.8	2005.8.11	ダウ	4314	特定	買付	1	336,000	336,000	482	24		336,506
2005.8.8	2005.8.11	ダウ	4314	特定	売付	1	339,000	339,000	-	-		339,000
2005.8.8	2005.8.11	イン	4835	特定	売付	1	292,000	292,000	418	21		292,439
2005.8.8	2005.8.11	イン	4835	特定	売付	1	292,000	292,000	-	-	源徴あり	292,000
2005.8.19	2005.8.24	ダウ	4314	特定	買付	1	344,000	344,000	500	25		344,525
2005.8.19	2005.8.24	ダウ	4314	特定	売付	1	350,000	350,000	-	-	源徴あり	350,000
2005.8.22	2005.8.25	ダウ	4314	特定	売付	1	344,000	344,000	500	25	源徴あり	343,475
2005.8.26	2005.9.1	アル	2341	特定	買付	100	1,037	103,700	251	13		103,964
2005.8.26	2005.9.1	アル	2341	特定	買付	100	1,025	102,500	249	12		102,761
2005.8.29	2005.9.1	アル	2341	特定	売付	200	1,086	217,200	500	25	源徴あり	216,675
2005.9.2	2005.9.7	オリ	7599	特定	買付	20	12,350	247,000	500	25		247,525
2005.9.5	2005.9.8	アル	2341	特定	買付	100	986	98,600	-	-		98,600
2005.9.7	2005.9.12	アル	2341	特定	売付	100	1,037	103,700	-	-	源徴あり	103,700
2005.9.12	2005.9.15	オリ	7599	特定	売付	20	13,120	262,400	370	19	源徴あり	262,011
2005.9.12	2005.9.15	レー	8890	特定	買付	1	187,000	187,000	270	13		187,283
2005.3.12	2005.9.15	レー	8890	特定	買付	1	185,000	185,000	260	13		185,173
2005.9.13	2005.9.16	レー	8890	特定	売付	1	196,000	196,000	251	13	源徴あり	195,736
2005.9.13	2005.9.16	レー	8890	特定	売付	1	194,000	194,000	249	12	源徴あり	193,739
2005.9.14	2005.9.20	アル	2341	特定	買付	100	998	99,800	92	4		99,896
2005.9.14	2005.9.20	アル	2341	特定	買付	100	998	99,800	92	4		99,896
2005.9.14	2005.9.20	アル	2341	特定	買付	100	994	99,400	91	4		99,495
2005.9.14	2005.9.20	アル	2341	特定	買付	100	994	99,400	91	4		99,495
2005.9.14	2005.9.20	アル	2341	特定	売付	400	999	399,600	-	-		399,600
2005.9.14	2005.9.20	アル	2341	特定	買付	200	998	199,600	184	11		199,795
2005.9.14	2005.9.20	ダウ	4314	特定	買付	1	381,000	381,000	350	18	源徴あり	381,368
2005.9.14	2005.9.20	アル	2341	特定	売付	1	382,000	382,000	-	-	源徴あり	382,000
2005.9.20	2005.9.26	アル	2341	特定	売付	200	949	189,800	304	15	源徴あり	189,481
2005.9.20	2005.9.26	オリ	7599	特定	売付	10	12,280	122,800	196	10	源徴あり	123,006
2005.9.21	2005.9.27	オリ	7599	特定	売付	10	12,090	120,900	-	-		120,900
2005.9.22	2005.9.28	アパ	8889	特定	買付	2	161,000	322,000	500	25		322,525
2005.9.22	2005.9.28	アパ	8889	特定	売付	2	164,000	328,000	-	-	源徴あり	328,000
2005.9.26	2005.9.29	オリ	7599	特定	買付	10	11,660	116,600	-	-		116,600
2005.9.27	2005.9.30	オリ	7599	特定	買付	10	11,290	112,900	-	-	源徴あり	112,900
2005.9.28	2005.10.3	松井	8628	特定	買付	300	1,279	383,700	500	25		384,225

日付	約定日	コード	銘柄	売買	株数	単価	金額	手数料	備考	損益
2005.10.3	2005.10.6	2341	アル特定	買付	300	820	246,000	337	16	246,353
2005.10.3	2005.10.6	2341	アル特定	売付	300	845	253,500	-		253,500
2005.10.3	2005.10.6	8628	松井特定	売付	300	1,367	410,100	563	29	源徴あり 409,508
2005.10.4	2005.10.7	8437	フフ特定	買付	3	101,000	303,000	500	25	303,525
2005.10.5	2005.10.11	8437	フフ特定	売付	3	98,900	296,700	500	25	源徴あり 296,175
2005.10.6	2005.10.12	6305	日立特定	買付	200	1,989	397,800	500	25	398,325
2005.10.13	2005.10.18	6305	日立特定	買付	100	2,060	206,000	500	25	206,525
2005.10.13	2005.10.18	6305	日立特定	売付	100	2,090	209,000	-		209,000
2005.10.14	2005.10.19	6305	日立特定	買付	200	2,040	408,000	500	25	408,525
2005.10.14	2005.10.19	6305	日立特定	売付	200	2,060	412,000	-		412,000
2005.10.27	2005.11.1	6305	日立特定	売付	100	2,190	219,000	251	13	源徴あり 218,736
2005.10.27	2005.11.1	8437	フフ特定	買付	2	109,000	218,000	249	12	218,261
2005.11.4	2005.11.9	6305	日立特定	買付	100	2,230	223,000	265	13	源徴あり 222,722
2005.11.4	2005.11.9	4696	ワタ特定	売付	100	1,979	197,900	235	12	198,147
2005.11.8	2005.11.11	8437	フフ特定	売付	1	103,000	103,000	220	11	源徴あり 102,769
2005.11.8	2005.11.11	8628	松井特定	買付	100	1,310	131,000	280	14	131,294
2005.11.10	2005.11.15	4696	ワタ特定	売付	100	2,000	200,000	552	28	源徴あり 199,420
2005.11.10	2005.11.15	6821	バー特定	買付	200	1,280	256,000	707	35	256,742
2005.11.10	2005.11.15	6821	バー特定	買付	100	1,340	134,000	370	18	134,388
2005.11.10	2005.11.15	6821	バー特定	買付	100	1,280	128,000	354	18	128,372
2005.11.10	2005.11.15	6821	バー特定	買付	100	1,240	124,000	343	17	127,360
2005.11.10	2005.11.15	6821	バー特定	売付	200	1,410	282,000	-		282,000
2005.11.10	2005.11.15	6821	バー特定	売付	100	1,260	126,000	-		126,000
2005.11.10	2005.11.15	8437	フフ特定	売付	1	109,000	109,000	301	15	源徴あり 108,684
2005.11.11	2005.11.15	8628	松井特定	売付	100	1,350	135,000	373	19	源徴あり 134,608
2005.11.11	2005.11.16	6821	バー特定	売付	100	1,330	133,000	500	25	源徴あり 132,475
2005.11.14	2005.11.17	8043	スタ特定	買付	1,000	362	362,000	500	25	362,525
2005.11.16	2005.11.21	6305	日立特定	買付	100	2,070	207,000	295	14	206,691
2005.11.16	2005.11.21	8043	スタ特定	売付	1,000	362	362,000	516	25	源徴あり 361,459
2005.11.17	2005.11.21	8901	ダイ特定	買付	2	31,200	62,400	89	6	62,495
2005.11.17	2005.11.22	4744	メン特定	買付	1	66,000	66,000	116	5	66,121
2005.11.22	2005.11.22	6305	日立特定	売付	100	2,175	217,500	384	20	源徴あり 217,096
2005.11.22	2005.11.28	8901	ダイ特定	売付	3	30,550	91,650	500	25	92,175
2005.11.24	2005.11.29	6821	バー特定	買付	100	1,280	128,000	500	25	128,525

株式投資日記番外編
これだけはやってはいけない 天野裕光の投資日記（丸紅編）

✏️ 8月2日

　それは負け組投資家への最初の日だった（ここからは教訓編をお送りします）。

　「取引を始めないと」と、どの株を買おうかといろいろな銘柄に目を通す。目に留まったのは丸紅（８００２）。おぉ、自分でも知っている会社じゃないか。丸紅は商社株、中国とも貿易や産業連携が進んでいるから商社株は魅力的だと思う。

　しかし、思考はここで止まる。商社株が魅力的だと感じても、競合他社をリサーチするなんてことはしない。目に留まった株、丸紅がいいと思ったら丸紅しか見てはいけないのだ。決して三菱商事や伊藤忠商事と比較なんてしない。それは勝ち組のすることだ。当然丸紅のＰＥＲを見て割安かどうかも調べない。業務内容も調べない。来期予想が平均以上かどうかも見ない。ただチャートを見て上がりそうだから。理由はそれだけでいいのだ。

◎丸紅を４３４円で１０００株購入

　下がった。猛烈に下がってしまった。損切りだっ！　損切りをするんだ！

◎丸紅を428円で1000株売却　資産ー9150円

丸紅（8月〜11月）

8月5日

　この前は買った瞬間から下がったけれど今日は違う。ストキャスティクスが20％を割り込んでいる。だから、買う。当然チャートしか見ていない。やっぱり丸紅。郵政民営化の影響はそんなに大きくないと思われる。

◎丸紅を415円で1000株購入

📝 8月8日

　今日は月曜日だ。丸紅はどうなったか？　寄り付き403円……。やばい！！　やばいって！　また損出してしまった。郵政民営化のせいなのか？　まずい、このまま400円を切るようなことになったらまずい。損切りをしなければ。

◎丸紅を405円で1000株売却　資産－1万3000円

　しかし、郵政民営化法案が否決された瞬間から株価は急上昇を始める。運よくリアルタイムで株価を見ていたので流れに乗ることに決定。丸紅買戻し。

◎丸紅を415円で1000株購入

　この日の終値は421円。

📝 8月9日

　430円辺りで株価が上がらなくなる。これは利益確定をすべきだろう。

◎丸紅を430円で1000株売却　資産＋1万1850円

　この日の終値431円。1日で見ればうまく高値で売り抜けたように見える。しかし、その後8月16円の471円まで丸紅は

連騰を続けたのである。もし４１５円で買ったまま保有しておけば約５万３０００円近くの利益が出ている。しかし、もし株価がここで下がってしまったらと思うとたまらず売ってしまったのである。

8月11日

　ここ２〜３日、日経平均が連騰らしい。この前のようにうまく流れに乗れないだろうか。もし４５０円台まで上がったらかなりの儲けになるのでは？　ということで丸紅を購入。

◎丸紅を４４７円で１０００株購入

　しかし株価は４４９円から上がらない。４５０円台にのることがない。不安が頭をよぎる。「お前は高値掴みをしたんだ！」「考えてみろ！　今日の始値は４３６円だろ？　絶対高値掴みだ。４５０円台にのらずに株価は下落するんだ。それはまずい。今すぐに売らなければ」。ということで、その日のうちに売却。

◎丸紅を４４９円で１０００株売却

　一見儲かったように見えるかもしれない。しかしそれは手数料と税金を考慮してないからだ。現実は資産－６２５円。

8月12日

　丸紅の始値４４７円。どうせ４５０円台にのらずに下落するに違いない。しかし株価は落ちない。４５０円を突破。こうなると欲望がうずき始める。４５０円を超えた、これは上がるぞ！　今買わないと損失をプラスにできない。買うしかない。

◎丸紅を４５３円で１０００株購入

　しかし、買った途端から不安がよぎる。「昨日と同じだ。高値掴みしたかもしれない」「考えてみろ。今日の始値は４４７円だぞ。ボラティリティが大きすぎるんじゃないのか？　嫌だ。損切りは嫌だ。利益が出たらすぐに売ってしまおう」。

◎丸紅を４５６円で１０００株売却

　またもや手数料＋税金で資産―１５０円。

8月16日

　丸紅で勝つ！　今までは利益が出てびびってすぐに売るから儲からなかったんだ。もう少し長く持てば利益を拡大できるに違いない。だから今回は決してすぐには売らんぞ（売らずにいよう）。丸紅だ！　丸紅で損をとり返すんだ。もはや理性を失い、買いに走る。

◎丸紅を475円で1000株購入

　しかし、これこそが本当の高値掴みだった。マーケットは負け組投資家（敗者）を決して容赦しない。負け組は圧倒的かつズタズタに負けるようになっているらしい。そこに理由なんてない。敗者を救う者なんてどこにもいない。

8月17日

　終値468円　大丈夫だ。今の市場は強い。すぐに戻ってくる。まだ待つ。

8月18日

　終値457円　ここで自分が高値掴みをしたことをやっと悟る。もう嫌だ。何故、俺は勝てないんだ？　才能がないのかもしれない。

8月19日

　始値457円。寄り付きから丸紅株は下がり続ける。とうとう下落トレンドに入ったんだ！　うわあぁ、もう嫌だ！　損切

りだ。損切りするしかない。

◎丸紅を４５１円で１０００株売却　資産－２万７１５０円

　もう丸紅はやめにしよう……。

株式投資日記番外編
これだけはやってはいけない 天野の投資日記（野村證券編）

9月30日

★飛ぶ鳥落とす勢いの株式市場
　株式市場が非常な活況である。連日出来高も史上最高を記録するなど、株式にかなりの巨額な資金が流入している。そこで証券株を狙うことにした。
　出来高好調・市場好調となれば、当然株取引を扱っている証券株の収益が伸び注目されるはず。野村證券は証券系の最大手ともいえる。株価上昇・景気回復の情報をもとに投資信託を野村で購入する人が増えるだろう。という予測を立て同時に野村證券がネット証券業界に参入するニュースも期待して野村證券に決定。
　しかし大きな懸念材料がある。それはすでにかなりの高値を記

録していることである。上昇トレンドが始まった8月から30％も上げてしまっている。これは高値掴みではないだろうか？

　一瞬『暴落』の2文字が頭をよぎるが、ここ連日の絶好調な株式市場をみて『乗り遅れてはいけない』『少し落ちてもきっとまた戻してくる』という甘い予想から買いに走る。

　負け組投資家の思考は目先の利益に飛びつくように出来ているのだ。株式市場活況→証券株上昇の公式を無条件に信じていた。

　何より『今の市場で負けるはずがない』という根拠のない自信が湧き上がってくる。結果的に見ればプチバブルに見事にはまってしまうことになるのだが……。

◎野村証券を１７８１円で２００株購入

🖉 １０月１日

★野村、ネット証券参入が日経新聞で伝えられる

　２日付けの野村ホールディングスが２００６年４月にもインターネット専業証券を設立するニュースが日経新聞に載る。しかも手数料が専業並か業界最低水準とのこと。

　これは読み通りで『来た！』と思った。既にホームページ上では９月２６日の時点でそのような内容のことが書かれていることをまだ知らずにいた。

🖉 １０月３日

★郵便局での投資信託商品の販売が開始。

　これも野村ホールディングスにとっては追い風になるニュースである。投資信託商品の販売ルートが拡大されたことになるのではないか、これはいい感じなのではないか、と期待を持つ。

★しかし３日続落。５５日平均線を下回る

　『きっとうまくいく』と勝手な自信を持っていたそのとき、株価は３日の時点で３営業日続落となっていた。思えばここで『おかしい、予定が違う』と損切りをすべきだったのかもしれない。

📝 １０月７日

★ピンチ！１６２２円まで下落
　この日株価は始値１６２２円という展開。さすがにここで売ってはいけない・売れないと考える。その判断の根拠は以下の２つ。

●２５日平均線にもう少しで触れるくらいまで下落している。
●わずか５営業日で１０％近い下落をしており反発する可能性が高い

　そこで、反発するまで待つことにする。

📝 １０月１４日

★ついに損切り
　買ってから２週間が経過した。しかしながら１７８１円を超える見込みは薄い。日経平均も勢いがなくなりつつあり、今後下落トレンドに入る可能性がある。ここで損切りをしないと他の銘柄を変えないことによる機会損失も考えられる。結果的に１６９８円で売りを決定。この瞬間－１万８７００円も決定。あぁ、まただ、また損切ってしまった！　つくづく自分の愚かさに嫌気がさす。

◎野村証券を１６９８円で全株売り　資産－１万８７００円

　ちなみに、今回の教訓は以下の通りである……。

- ●バブリーな気分は破滅のもとだと若いながらに体験。
- ●高値掴みをしてはいけない。むしろ市場の勢いで異常な下落が起きたときにこそ買いに走るべき。今の市場のボラティリティの大きさを利用したい。

株式投資日記番外編

天野の投資日記（みずほ信託銀行編）

✏️ 10月18日

　今回はみずほ信託銀行に注目した。9月の日経平均の大幅な上昇は外国人投資家の積極的な買いによるものであるとされている。その中でも特に買われた業種の中に銀行系株がある。自分自身ではこれは日本の景気回復への期待感からだろうと思った。日銀短観などを見ても日本経済は上向いてきている。経済が元気になれば金回りは良くなり、銀行は収益が上がる。10月に入り、日経平均は天井に達したようである。外国人投資家の買いも減少し、売り越しになる。これはラマダンも関係しているに違いない。けれども、もし外国人投資家がもう一度本格的に日本株を買い始め、オイルマネーが流入したとしたら……。

まず上がるのは銀行株であると考えた。

さらに、信託銀行に絞ることにした。今年の好調な株価のおかげで収益は増加しているに違いない。そこで、信託銀行で資本金40万円で買えるものはないだろうかと探した。住友信託銀行は約920円（1000株から）。みずほFG約73万円（1株から）。みずほ信託銀行245円（1000株から）。今買えるとしたらみずほ信託銀行しかない。株をやるなら資金力は大きいほうが絶対にいい。選択の範囲が広がる。

次にチャートを見る。どうやら238円～257円のレンジに入りそうである。そこでボックス買いをすることに決める。

みずほ信託銀行

✐ 10月19日

　日経新聞1面に「大手銀　利益最大に」の見出しが。これは追い風である。

　とりあえず5日平均線は下回らないだろうと考え245円で買い。ストキャスティクスの観点からも安く買えたように思える。またトピックスも18日現在で3日続落となっている。ということは近々反発する可能性もある。対トピックスβが1.6あるみずほ信託ならトピックスが反発したとき、上がりも大きいだろうと期待。売り目標はボックス上部255円。

みずほ信託銀行を245円で1000株購入

　ちなみに、この日は一時的に5日平均線を下回ってしまう。

✐ 10月21日

　株価は231円まで下がる。しかし動揺はない。これは一時的な下げだと落ち着いて状況を見守る。残念に思ったのは230円台で安く買えるのならそこで買いたかったことだ。

✐ 10月25日

　なかなか5日平均線を上回ろうとしない。買って6日近くに

なる。まだ株価は買値の下である。損をする不安は少ないが、早く利益を出したい。このままずるずると5日平均線を上回らないと保ち合いから下落トレンドに入ってしまう。一番の気がかりは出来高が減少していることだ。出来高の減少は株価下落を予感させる。

📝 10月26日

株価が買値まで戻った。247円まで上昇。しかし俺が売りたいのは255円だ。まだ待つしかない。今日はアメリカ市場が好調であったため日本市場も好調となった。明日に期待したい。

📝 10月27日

寄り付きで249円となる。これは来た。すかさず目標株価255円に指値。今回は以前の結果を生かしてプレッシャーに負けることなく取引をできた。少額ながらも勝利である。

みずほ信託銀行を255円1000株売却　資産+6860円

2005.8.2	買	特定	丸　紅	1,000	434	-435,575
2005.8.2	売	特定	丸　紅	1,000	428	426,425
2005.8.5	買	特定	丸　紅	1,000	415	-416,575
2005.8.8	売	特定	丸　紅	1,000	405	403,425
2005.8.8	買	特定	丸　紅	1,000	415	-416,575
2005.8.9	売	特定	丸　紅	1,000	430	428,425
2005.8.11	買	特定	丸　紅	1,000	447	-448,050
2005.8.11	売	特定	丸　紅	1,000	449	447,425
2005.8.12	買	特定	丸　紅	1,000	453	-454,575
2005.8.12	売	特定	丸　紅	1,000	456	454,425
2005.8.16	買	特定	丸　紅	1,000	475	-476,575
2005.8.19	売	特定	丸　紅	1,000	451	449,425
2005.8.22	買	特定	ダビンチ	1	340,000	-341,575
2005.8.26	売	特定	ダビンチ	1	305,000	303,950
2005.9.30	買	特定	野村	200	1,781	-357,250
2005.10.14	売	特定	野村	200	1,698	338,550
2005.10.19	買	特定	みずほ信	1,000	245	-246,575
2005.10.27	売	特定	みずほ信	1,000	255	253,425

第 4 部

投資日記をつけて学んだ"教訓"紹介

第4部では、2005年8月〜11月にかけて取引をした結果、学んだことを紹介します。ベテランの方々にとってはわかりきったことばかりかもしれませんが、私たちのような初心者にはためになることがあると思います。参考にしてみてください。

第1章　教訓8箇条【概要】

　今回、投資日記をつけてみて思ったことがありました。以下に「教訓8箇条」としてまとめました。投資に精通している人たちから見れば、"当たり前"のことばかりかもしれません。でも、私たちのような"投資素人"にとっては参考になるのではないかと思います。参考にしていただければ幸いです。

教訓

1. 投資理由はちゃんと考えてから投資する
2. 買い時や売り時は必ずチャートを見て判断する
3. 自身の持つリスク許容度を越えて損が出たら売却する
4. アップデートされた最新の情報を集める
5. うわさで買い（売り）、確かな情報が出たら売る（買う）
6. 投資はロマンであるという気概を持って望む
7. 大きな流れに沿っていく
8. 日記（売買記録）をつける

第2章　教訓8箇条についての詳細

教訓1　投資理由はちゃんと考えてから投資する

　投資をするときは、その先に「儲けたい」という気持ちがあると思います。このこと自体は、悪いことでも何でもなく、むしろ"投資する"という行為には必要な感情だとも思います。

　ただ、「儲けたい」という気持ちになっているときには"それ"、に惑わされて、「上がりそうだから買う（空売りの場合は下がりそうだから売る）」ことをやってしまいがちになるのも事実です。でも、"これ"はやってはいけません。

　「上がりそうだから〜〜、下がりそうだから〜〜」をやってはいけない理由。それは「株価に翻弄される」ことにあります。上がりそうだから買いました→でも下がりました→だから売ります→売ったら上がりました→また買い戻しました→でも下がりました→だから売りますという具合に、なかなか買った銘柄を持ち続けられないのです。細かい値動きしか見ていないため、下がったらすぐに売りたくなってしまうものです（買いの場合）。

　だからこそ、買うときには（もしくは売るときには）"理由"が必要だと思うのです。財務諸表をチェックし、割安か割高なのかなども調べて「こういう理由があるから買ったんだ」と言えないと、揺れ動く株価につられて、買った銘柄を持ち続けれられないと思います。

　今回の投資日記でも、「F-1でルノーが勝ちそうだから」という理由で日産を買って失敗した人がいました。この結末も、

"確固たる理由がなかったのに買ってしまった"ところにあるのだと思います。

　きちんと投資する理由を考えてから投資してください。「上がる」「下がる」という短期の理由だけで投資すると痛い目を見ることがあると思います。

教訓2 いくら財務内容を重視しても買い時売り時は必ずチャートを見て判断する

　人と同じことをしても儲からないと言われているのが相場。そうわかってはいても、付和雷同的というか、ついつい人と同じような行動をとってしまうことがあります。結果、かなり上がっている状況で買ってしまう場合（いわゆる高値づかみ）もあれば、かなり売られている状態で売ってしまうこともあると思います。

　こういう事態を避けるためにも、ぜひチャートを見てほしいと思います。チャートを見て「この株は今は上がっているな。それにしても上がり方が急すぎるな。あやしいぞ、もう少し待ってみようかな」というように、買い時や売り時を検討してほしいと思います。

　こういうこと、つまり、チャートを見ながら買い時や売り時を考えずに財務状況だけを理由に売買するとどうなるか。結局、タイミングを逃して損をしてしまうことになってしまうのではないかと思うのです。今回、私たちの仲間の中に"そういう"人はいました。結果はご存知の通り。狙いは良いのにチャート的に"まずい"ところで買って損を出してしまったのです。

　もちろん、4～5年の長いスパンでそれなりに利益が出ている状況であれば、チャートを重要視する必要はないと思います。しかし、短期売買をするのであれば、チャートは必要不可欠だと思います。「株価が今どの位置にあるのか」や「まわりの人間の状況」を把握するにはチャートを見るのが一番だと思うからです。

　また、チャートをずっと見ていると、銘柄独特の周期が何となくわかるようになります。その周期をたえず見ていれば""

チャートを見て高値のときには手を出さずに、谷にあるときに買う"ことができるようになると思います。極論するならば、こういうことができるようになってはじめて、大きく負けるようなことがなくなるのだと思います。

教訓3　自身の持つリスク許容度を超えて損が出たら売却する

　投資をするときには「ここまで下がったら損切りしよう」というポイントを決めている人がほとんどだと思います。でも、実際にそのポイントを超えてしまったときに損切りできますか？　なかなか難しいと思います。

　損切りしようと思っているポイントを超えるまで損がふくらんだとき（＝耐えられない損になったとき）にはどうするか？　私たちから言えることはただひとつ、やはり「損切り」だと思います。損切りのラインを超えたのにまだ持っていると、その株が損切りラインを割るまで持ち続けることになるからです。

　人によって許容範囲があるとはいっても、そもそも人の心理はひとりひとりそんなに変わるものではありません。自分が怖いというポイント、つまり損切りしたいと思っているポイントは、やはりみんなが損切りしたいと思っているポイントだと思ってほぼ間違いないのです。ということは、そのポイントを下回ってしまったときには……。そうです、すぐには回復しないものなのです。このことは、ボリンジャーバンドを使うとよくわかります。例えば、2σを超えたり割ったりすると、短期的にすぐに戻ることがあっても、大体その近辺で移行することが多いものです。

　損切りラインを割ってしまうこと自体、自分の思惑外のこと

なのですから、こういうときは素直にすぐに損切り、資金を引き上げたほうがいいと思います。ほかにも株はたくさんあるわけですし。

もちろん、「絶対に上がる」という確信があるなら話は別です。でも、相場の世界で絶対が起こることはそんなに多くないとも思います。いつまでも損を引きずるくらいなら損切ってしまったほうが精神的に楽でしょう。心をスッキリさせて次に向かったほうがいいのではないかというのが私たちの感想です。

それに、相場の世界では、目には見えませんが、海千山千の猛者を相手に戦うわけです。相手は常に先手先手を狙ってきます。だからこそ、こちらもできる限り先手を打っていかないといずれは市場から撤退させられることになると思います。損切りも、"する"ならば、先手先手がいいでしょう。とにかく「損切りは早く」だと思います。

教訓4　アップデートされた最新の情報を集める

本書を作るにあたって、いろいろな人に話を聞きました。そのなかで印象的だったのが「株というのは情報の修正に敏感に反応するから、それをいち早く入手して、人がやらないうちに売買しなさい」という言葉でした。ここでいう情報の修正とは、いわゆる決算書の修正情報──上方修正、下方修正といったもの──を指します。

さて、ここまで読んで、「決算書の修正情報をいち早く手に入れることの大切さはわかった。だが、どうやってその情報を入手したらいいんだ」と思われる方もいらっしゃるでしょう。確かに、機関投資家以上に早く（かつ正確な）情報を私たち個人

投資家が手に入れることは難しいと思います。でも、まったく方法がないわけではないのです。その代表的な方法は「証券会社の方にアプローチする」でしょう。証券会社の方は、その道のプロだけに、いろいろな情報を持っているものです。そして、聞いてみると、意外と教えてくれるものです。聞くだけなら基本的にタダですからぜひ実践してみてください。最新の情報を集めておかないと「株が上がっている理由や下がっている理由がわからない」という自体にも陥りますし……。

教訓5　うわさで買い（売り）、確かな情報が出たら売る（買う）

　今、あるうわさが流れているとします。こういう状態のときに株価が動くというのはよくあることだと言われています。今回、投資日記をつけているときにもこの状況に出くわしました。そう、郵政民営化です。

　「今回の郵政民営化は否決されるだろう」。まわりからはそんな声が聞こえていました。この間に株価はどんどん下がっていきました。そして、「郵政民営化否決」が決まった瞬間、株価が勢いよく上がり出したのです。普通の発想をすれば、郵政否決→小泉政権の衰え→株価の下落になると思います。ところが実際は、「郵政否決→小泉政権の衰え→株価の下落」はうわさの段階で株価に織り込まれていたのです。だから、郵政民営化否決が決まった瞬間、悪材料出尽くしで株価が暴騰したのです。

　今回、この流れにうまく乗れた仲間もいますが、「うわさで〜〜」を知らずに乗り損ねた仲間もいました。「うわさで〜〜」をもっときっちり把握しておけばというのが率直な感想です。確かに、情報が出る以前に買うのは難しいと思いますが、「相場の

世界ではそういうことがある」ことを知っているだけでも、投資のやり方や進め方がかなり違ってくると思います。

教訓6　投資はロマンであるという気概を持って臨む

「短期売買で儲かった・損した」というのは、それはそれで投資を楽しむひとつの方法だと思います。

でも、どうせなら、夢を持って投資したほうがいいと思います。そのほうが面白いと思います。投資というのはギャンブルではなく、未来への挑戦知的なマネーゲームだと思うからです。だからこそ、ロマンを持って投資することは間違いではないと。

虎の子をはたいて会社の権利の一部を買うわけですから、「何しているのかわからない」という企業に投資するよりも、「きっとやってくれる！」と思える企業に投資するほうがいいと思います。それに「自分は、この企業が好きだからここに投資する」という気概はカッコイイと思いませんか。実際、自分の投資した企業が成長する姿を見るのは楽しいと思います。期待して持っているほうが面白いですし。

短期の利ざやを稼ぎたい人にとっては無意味な話かもしれませんが、投資の楽しみのひとつとして「ロマンは持ってもいい」と思います。

教訓7　大きな流れに沿っていく

大きなケガをしないという意味で、流れに沿っていくといい

と思います。大きな流れに逆らうというのは、高速道路を進行方向とは逆に進むようなものだと思います。皆と同じことをしていては利益が出ないとはいうものの、やはり全体がどの方向に向かっているのかを把握しておかなければ、ケガをするときにはそれこそ大ケガをすることもあるでしょう。着実にいくなら、逆張りするにしても、まずは流れを見ることを──当然のことかもしれませんが──おすすめします。

　流れをつかむには、実際に自分のお金で投資してみることです。何度か経験を積むうちに、チャートや出来高を見ていると何となく流れがわかるようになってきます。それに、経験を積むと、見るべきポイントも増えていきます。チャートや出来高を見る程度でとどまっていたものが、会社の財務情報を調べるようになったり、ほかの株価指標を気にするようになったりなど、判断材料が増えてきます。結果的に、相場を観る目＝観察力が養われるようになると思います。

教訓8　　　　　日記（売買記録）をつける

　今までは、「この株が上がるかな」と思ったらそれだけで買ってしまうことが多々ありました。でも今回、日記をつけることによって、"買う理由"をたくさん見つけるようになりました。日記をつけることによって、「何故、この株を買おうと思っているのか」を考えるようになったのです。少しずつですが、投資が確実になってきたことを考えると、この効果はとても大きかったと思います。

　購入理由を書き残しておくと、うまくいかなくてもあとで反省できます。「かくかくしかじかをしたから間違えたんだ」と。

冷静になったときに検証できることのメリットも大きいと思います。

　日記というのは、アナリストレポートの簡易版だと思います。理由をつけて、自分の意見を出す（＝書く）ことで、自分が何を考えているのか再確認できますし。

　ただ、面倒というデメリットもあります。でも、面倒でもこういうことを地道にやらないと力がつかないとも思います。「自分はこれこれこういう理由でこの株を買う」と口で言うだけではなくて、資料として手元に残るカタチにしておけば、本当に力になります。地味で単純な作業ですが、日記はつけてほしいと思います。日記をつけていけば、きっと"投資力"が養われることでしょう。地道に道を進めば、いつかは花道に迎えられるはずです。

　日記をつけること。これは、わたしたちが一番おすすめしたい教訓です。

番外編　市場を読もう

　ここでは、マクロ的な分析によって銘柄を絞る方法や、市況の読み方をご紹介します。

　なぜマクロ的な分析が必要なのか。その理由は「財務分析やテクニカル分析を行ったところで、マクロのトレンドに逆らっていたらうまくいかないことが多い」ことにあります。非常に有望な企業でも景気先行き不安であっては、資金がうまく調達できずに思ったより伸びないでしょう。また、割安と思った銘柄も、その業界が不調だったら決して割安とは言えなくなることもあるでしょう。
このように、マクロ分析を軽視すると、"木を見て、森を見ず"といった状態に陥ってしまうのです。

　とはいうものの、"マクロの視点から分析する"とはいっても、どのようにすればよいのでしょうか。

　小難しい経済学は必要ありません、それぞれの指標や事柄を理解していれば、日々の新聞やニュース、インターネットで検索することで簡単にできます。

　本付録では、いろいろな観点から、マクロ的な分析の手助けになるような指標や事柄を紹介します。ご参考あれ！

金利関係

　一般に金利が上がると株は下がると言われています。それには、以下のような2つの側面があります。

●金利が上がることで株式特有のリスクをとらなくても、ある程度リターンが得られることから、債券や銀行預金などに資金を移してしまう
●金利が上がることで企業が銀行から借り入れをしにくくなり、営業活動にブレーキがかかってしまう

　現在、政府と日本銀行間で日本のゼロ金利脱却について議論がなされています。０６年にはゼロ金利脱却との見方が強く、今後の金利の動向については注意が必要です。

　さて、ここで言う金利とは何のことでしょうか。一口に金利と言っても、たくさんありすぎるので代表的なものだけをピックアップしてみました。まず、公定歩合についてです。これは皆さんも耳にしたことがあると思います。公定歩合とは日本銀行が民間銀行に貸し出しを行うときの基準金利で、これが上がると銀行の借り入れコストが上がることから、銀行が企業等に貸し出しをするときの金利も上がります。公定歩合は日経新聞や日本銀行のＨＰで確認できます。

なんて指標？	どういう意味？	どう使うの？
新発十年物国債利回り	10年物の日本国債の利回りで、長期金利の指標になっている。	国債の利回りが高くなると、相対的にリスクの高い株式を持つメリットが減るため、資金が債券に流れ、株式市場は低迷する傾向にある。
長期プライムレート	銀行が信用力の高い一流企業にお金を貸す時の金利で、長期貸し出し金利の指標になっている。	これが大きくなると企業の金利負担が増えるために、利益が減る。有利子負債の多い銘柄は注意が必要。

海外情勢

　よく「アメリカがくしゃみをすると、日本は風邪を引く」と言われます。株式市場でもその傾向があるようです。アメリカのニューヨーク株式市場の代表的な指標として、ダウ工業株30種平均、通称NYダウがあります。NYダウは各セクターから代表的な銘柄30種を集めた平均株価です。日本の日経平均株価と似たようなものと思って頂ければよいと思います。

　ここで質問です、このNYダウが暴落した翌日、日本の株式市場はどのような影響を受けるでしょうか。結論を先に言うと、悪材料と捉えられて株価は下がる傾向が強くなります。NYダ

ナスダック、ダウ

FFレート（フェデラルファンドレート）	アメリカの公定歩合のようなもので、為替相場に強く影響を与える。	FFレートの上昇（金融引き締め）が続くと、ドル円為替レートは円安トレンドを形成すると考えておく。お金は金利が高いアメリカに流れるため。
S&P500	スタンダード＆プアーズ社が構成した、アメリカの代表的な500社からなる株価指標。	基本的にNYダウと同じような見方でよい。NYダウほど有名ではないが、S&P500のほうが市場の動向を正確に掴める。
ドル円為替レート	1ドル交換するのに必要な円のレート。	円安が進むと、輸出企業に追い風となる。輸出割合の高い業種は、自動車、製薬、ハイテクなどである。
WTI原油価格	NYで取引されている1バレルあたりの原油先物の価格。	原油価格が高騰すると、企業のコストがかさむことになりマイナス材料と言える。しかし、石油会社、商社にとっては追い風となる。
ナスダック総合指数	ハイテク企業の比率が高いアメリカの代表的な株価指標。	ハイテク企業の比率が高いので、ナスダック総合指数の動向が日本のハイテク企業に与える影響は大きい。

ウが下がると日本株を保有する外国人投資家は、その損失を補填するために、保有している日本株を利益確定売りに出すことが多くなります。それを嫌ってほかの投資家も売りに出ます。そのため、日本の株式市場の株価も下がる、という事態になるのです。

　今日の外国人投資家の日本株保有比率は高くなり続けているので、今後もアメリカ市場との連動性は避けて通ることはできないと思います。ＮＹダウは皆さんも朝のニュースでご覧いただけるので、ぜひとも毎日チェックして頂きたいと思います。そして、大幅な変動があったときは、その連動性をふまえて、注意深く取引を行いましょう。

需給関係

　モノの値段は需要と供給の均衡点で決まると言われています。株式においても、この需給の問題は軽視できません。

　自社株買いを例にとってみましょう。自社株買いとは、企業が過去に発行した株式を時価で買い戻すことを指します。これを行うと、市場に供給（出回っている）されている株式が減ることになります。そうすると、理論的にはその供給量に見合った株価まで上がるというわけです。その他、自社株買いには発

外国人投資家投資主体別動向	外国人投資家の日本の株式市場での売買動向をみるもの。	日本の株式市場における、外国人投資家の動向は無視できないものになっている。売り越しが続くようなら注意が必要。
5%ルール	企業の発行済み株式総数の5%以上を取得した場合に大量保有報告書を出さなければいけないという決まりのこと。	大量保有報告書を提出した後は高騰する傾向がある。大量保有報告書は金融庁のHPのEDINETから見ることができる。
TOB（株式公開買い付け）	不特定多数の株主から、事前に買い付け価格を公表して大量に株式を買い取る方法のこと。企業買収の時に用いられる。	TOBをかける側の株価は急騰することが多い。また、敵対的なTOBの時は、TOBかけられる側が株価を上げるような対策（例えば配当を増やすなど）を立ててくるので、株価が上がる。
MSCB	社債の一種で、短期的に株主価値を著しく希薄化させるもの。	MSCBの発行を発表した後は短期的に株価は下げることが多いので、保有していたらすぐに売るのが無難。
貸借倍率	信用取引による買残と売残の比率。買残/売残で表され、数字が大きいほど需給は悪いと言える。1を切る時は取り組みがよいと言われる。	貸借倍率が大きい場合は、上値が重いと思われ、投資家に敬遠されることが多い。逆に取り組みがよい銘柄は踏み上げられる可能性があるので、プラス材料である。

行済み株式数が減少することから、ＥＰＳを上げる効果もあります。

　逆に、株式供給量が増える例としては、金融機関による株式持ち合い解消売りが考えられます。日本は昔から経営権の安定のために、株式の持ち合いが慣行していました。しかし、バブル崩壊で不良債権を大量に抱えた金融機関が不良債権処理の資金繰りのために保有株式を売りに出すことが多くなりました。これにより、市場に供給される株式数が増え、株価は下がることになったのです。以上のことは新聞の報道や個別企業のＩＲ情報で確認することができます。

経済指標

　経済指標は世の中の大まかな動きを見るのに使われます。一口に経済指標と言っても、日本の景気を表す指標から、一部の業界に影響を与えるような指標までさまざまなものがあります。

　代表的な経済指標として、日銀短観を挙げてみます。日銀短観は日本銀行が四半期ごとに発表しています。各企業にアンケート――自社の所属する業種の業況を「よい」「さほどよくない」「悪い」の中から選択するもの――をとり、それを集計した全体像が景況観測として発表されています。業況判断ＤＩの変化と市場予測との違いに注目してグラフにしたとき、右肩上がりなら景気が拡大していると言えます。また、市場予測を下回った数値が出た場合、材料出尽くしや失望感から日経平均が調整されることがあります。２００５年１０月の日銀短観は市場予測を下回ったため、それまで上昇を続けていた日経平均は１万３７００円から１万３０００円を割るところまで一時調整が入りました。このときの調整がすべて日銀短観の発表が原因とは考えられません。しかし、経済指標の発表が市場に与える影響は大きいので看過できないのも事実です。日銀短観は日本銀行のＨＰから調べることができます。

消費者物価指数（CPI）	一般消費者が購入するモノやサービスの価格の動きを数値化したもの。	CPIが上がると景気が良いと一般的には言える。景気が活性化すれば株式市場も活性化する傾向にある。
中小企業景況感指数	中小企業を対象にした日銀短観のようなアンケート調査。	50ポイントを継続的に超えていると景気が良いと言えるので、株式の上昇が期待できる。
鉱工業生産指数	鉱業、製造業が生産しているモノの量を指数化したもの。市場の注目度は高い。	市場予想より良い数字が発表されると日経平均は高騰する。また、発表前はその発表が待たれ、売買高が伸びないことが多い。
完全失業率	労働力人口に占める、働きたくても働けない人達の割合。	景気に対する遅行指標だが、これが増えると人材派遣業界にとっては追い風となる。
機械受注統計	注目度大。機械メーカー280社による生産設備用機械の受注額を集計したもの。景気に対する先行指標であり、これが増えると設備投資が活発に行われていると言える。	日経平均など市場に与える影響は大きいので、市場予想より良い数字だと機械株中心に買いが入る。
マネーサプライ	一般の個人や法人などが保有するお金の残高を集計したもの。	一定期間をグラフにして上昇トレンドにあったら、お金の流通がよくなっていて景気が良いと言える。
月例経済報告	内閣府が発表する景気に対する統一見解のこと。	総論に注目して、前月のコメントと違うコメントが出たら注意が必要。
GDP成長率	新たに生み出された、モノやサービスの付加価値の合計であるGDPの毎年の変化率。	理論的には、GDP成長率がプラスなら株価は上がる。事前に発表される予想値と実際の数値を比べるとよい。

このほかにも残業時間数などさまざまな指標が存在します。経済の大きなトレンドを見たいときには有効です。

天　候

　来年の夏、例年より暑くなり、猛暑が続くようなら、どんな銘柄が買われるでしょうか？　株は連想ゲームの思考で買われることが多々あり、予想以上の猛暑→のどが渇く→予想以上にドリンクが買われる→ドリンク銘柄の業績が予想以上に向上、といった具合にドリンク銘柄が買われます。このように天候などの季節要因によって業績が左右され株価が動く銘柄は、シーズンストックと呼ばれています。中でも、猛暑になることで恩恵を受ける銘柄をサマーストックといいます。

　例えば、テレビ番組などで、「例年の予想を上回る猛暑となりそうです」というニュースは、飲料市場やエアコン市場などにポジティブな要素として株価に織り込まれていく、ということです。

　このように天候によって株価が左右される銘柄を狙うときには、肌で感じる前に事前に発表される長期天気予報を要チェックしてみてください。

特別寄稿

(株) FISCOアセットマネジメント
岡崎氏コラム

　ドラマチックだったのは1991年1月のことですね。ブッシュ・シニアが多国籍軍を募って、その前年にクウェートに侵攻したイラクを空爆した湾岸戦争のときのことです。

　当時、世界の金融市場は、私も含め、戦争におびえ株や債券を売ることばかり考えていました。そんな時、私はある人を通じて米国駐日大使から日本のファンド・マネジャー達に"いよいよ戦争が始まることになるが、どうか慌てず市場を混乱させないでくれ"というメッセージを受け取りました。そのときは、それがどういう意味かはわからなかったのですが、空爆が始まったときにその意味を理解しました。

　午前8時、空爆と同時に米国債券がどんどん売られ始めました。このままでは米国の金利が急騰し、その影響で米国株式が暴落し、市場は大混乱に陥ります。私は、意を決して米国債券の注文を出しました。1億ドルの買い。しかし、その程度の買いはすぐに市場で吸収されてしまいます。事実、どんどん債券の売りが続きます。私はさらに注文を出しました。また1億ドルの買い。それでも売り物は続きます。

　気の遠くなるような思いをしながら私は何度も注文を出しました。また1億ドル、また1億ドル、また1億ドル、と。気がつけばもうすでに7億ドルも買ってしまっていたのですが、「ここで勝負をかけて市場を守らねば自分の仕事も何もかもなくなってしまう」と考えた私は、果てしなく続く泥沼のような事態にも臆することなく「米国債券を買うのだ、これ

が私の戦争なのだ」と自分に言い聞かせて、何とか平静を保っていました。
その時です。
　ＴＶから空爆を受けるバグダッドの様子が流れてきました。流星のようにも見えるミサイルの大群が映し出され、人々は驚嘆の声を上げました。それと同時に市場が突然、反転を始めたのです。
　映像を見た世界中の人々が、「ああ、これならすぐ決着がつく」と思ったのでしょう。あっという間に多国籍軍が勝利し、世界はまた平和に戻る、と理解し、それまで売り一色だった米国債券が買い戻され始めたのです。その勢いはとどまるところを知らず、結局、金利は一晩のうちに前日よりも０.５％だったか、急低下しました。
　必死の思いで買い続けた私の米国債券はその日のうちに1割近くも値段が上がり、私は短時間で過去最大の利益を手にすることができたのです。この日の私の取引は市場でも評判になり（この頃からヘッドハンターが私のことをあちこち聞きまわるようになりました）、その後、米国大使から"Thank you"と感謝の言葉を頂きました（と、間に入ってメッセージを伝えた人は言っていました。ホントかどうかはわかりませんが）。

あとがき

　最近、世間では株への関心が高まり、ノウハウ本に代表されるような多種多様な本が出版されています。
　しかし、経験の少ない私たちにはノウハウを教えることはできません。でも、自分たちの体験から学んだことなら伝えることができるのではないか。そう思い、今回、自分たちの取引を日記風に紹介する本を作りました。株式投資とはどういうものかを、自分たちの取引の様子を知ることで感じ取っていただけたら幸いです。何かひとつでも読者のみなさまのためになるようなものがあればうれしく思います。

　今回、この本を書くに当たって株式会社フィスコアセットマネジメントの岡崎良介氏、ならびに、編集の磯崎公亜氏に多大なるご協力をいただきました。また、私たちのような若輩者に出版の機会を与えてくださったパンローリング社の社長後藤康徳氏にもお礼を申し上げたいと思います。この方々がいなければこの本が世の中に出ることはありませんでした。誠に感謝しております。

　　　　　　　　　　平成１８年　　４月吉日　　ＳＰＥＣ一同

著者紹介

慶応大学投資クラブ「SPEC」

机上の空論ではない実際の経済を学ぶこと、社会に出ても将来にわたって付き合えるような人間関係をつくることを目的に作られた研究会。現メンバーは20名程度。学園祭における証券会社との共同イベント、投資信託会社における定期勉強会の開催などを手がけている。

2006年 6月 3日　第1刷発行

慶応大学投資クラブ「SPEC」が贈る
ぼくらの株式投資奮闘日記

著　者	慶応大学投資クラブ「ＳＰＥＣ」
発行者	後藤康徳
発行所	パンローリング株式会社
	〒160-0023　東京都新宿区西新宿7-21-3-1001
	TEL 03-5386-7391　FAX 03-5386-7393
	http://www.panrolling.com/
	E-mail　info@panrolling.com
装丁・組版	株式会社ベイ・イースト・グラフィックス
印刷・製本	株式会社シナノ

ISBN4-7759-9032-2　　　　　　　　　　　　　　　　　　　　RCK71.5
落丁・乱丁本はお取り替えします。また、本書の全部、または一部を複写・複製・転訳載、および磁気・光記録媒体に入力することなどは、著作権法上の例外を除き禁じられています。

ⒸSPEC 2006　Printed in Japan

免責事項
この本で紹介している方法や技術、指標が利益を生む、あるいは損失につながることはない、と仮定してはなりません。過去の結果は必ずしも将来の結果を示したものではありません。この本の実例は教育的な目的のみで用いられるものであり、売買の注文を勧めるものではありません。

<1> 投資・相場を始めたら、カモにならないために最初に必ず読む本!

マーケットの魔術師
ジャック・D・シュワッガー著

「本書を読まずして、投資をすることなかれ」とは世界的なトップトレーダーがみんな口をそろえて言う「投資業界での常識」。

定価2,940円（税込）

新マーケットの魔術師
ジャック・D・シュワッガー著

17人のスーパー・トレーダーたちが洞察に富んだ示唆で、あなたの投資の手助けをしてくれることであろう。

定価2,940円（税込）

マーケットの魔術師 株式編 増補版
ジャック・D・シュワッガー著

だれもが知りたかった「その後のウィザードたちのホントはどうなの？」に、すべて答えた『マーケットの魔術師【株式編】』増補版！

定価2,940円（税込）

マーケットの魔術師 システムトレーダー編
アート・コリンズ著

14人の傑出したトレーダーたちが明かすメカニカルトレーディングのすべて。待望のシリーズ第4弾！

定価2,940円（税込）

ヘッジファンドの魔術師
ルイ・ペルス著

13人の天才マネーマネジャーたちが並外れたリターンを上げた戦略を探る！ [旧題]インベストメント・スーパースター

定価2,940円（税込）

伝説のマーケットの魔術師たち
ジョン・ボイク著

伝説的となった偉大な株式トレーダーたちの教えには、現代にも通用する、時代を超えた不変のルールがあった！

定価2,310円（税込）

株の天才たち
ニッキー・ロス著

世界で最も偉大な５人の伝説的ヒーローが伝授する投資成功戦略！ [旧題]賢人たちの投資モデル

定価1,890円（税込）

ヘッジファンドの帝王
マイケル・スタインハルト著

『マーケットの魔術師』のひとりが語る その人生、その戦略、その希望！ [旧題]NO BULL（ノーブル）

定価2,940円（税込）

ピット・ブル
マーティン・シュワルツ著

チャンピオン・トレーダーに上り詰めたギャンブラーが語る実録「カジノ・ウォール街」。

定価1,890円（税込）

ライアーズ・ポーカー
マイケル・ルイス著

自由奔放で滑稽、あきれ果てるようなウォール街の投資銀行の真実の物語！

定価1,890円（税込）

<2> 短期売買やデイトレードで自立を目指すホームトレーダー必携書

魔術師リンダ・ラリーの短期売買入門
リンダ・ラシュキ著

国内初の実践的な短期売買の入門書。具体的な例と豊富なチャートパターンで分かりやすく解説。

定価29,400円(税込)

ラリー・ウィリアムズの短期売買法
ラリー・ウィリアムズ著

1年で1万ドルを110万ドルにしたトレードチャンピオンシップの優勝者、ラリー・ウィリアムズが語る!

定価10,290円(税込)

バーンスタインのデイトレード入門
ジェイク・バーンスタイン著

あなたも「完全無欠のデイトレーダー」になれる!
デイトレーディングの奥義と優位性がここにある!

定価8,190円(税込)

バーンスタインのデイトレード実践
ジェイク・バーンスタイン著

デイトレードのプロになるための「勝つテクニック」や
「日本で未紹介の戦略」が満載!

定価8,190円(税込)

ゲイリー・スミスの短期売買入門
ゲイリー・スミス著

20年間、ずっと数十万円(数千ドル)以上には増やせなかった"並み以下の男"が突然、儲かるようになったその秘訣とは!

定価2,940円(税込)

ターナーの短期売買入門
トニ・ターナー著

全米有数の女性トレーダーが奥義を伝授!
自分に合ったトレーディング・スタイルでがっちり儲けよう!

定価2,940円(税込)

スイングトレード入門
アラン・ファーレイ著

あなたも「完全無欠のスイングトレーダー」になれる!
大衆を出し抜け!

定価8,190円(税込)

オズの実践トレード日誌
トニー・オズ著

習うより、神様をマネろ!
ダイレクト・アクセス・トレーディングの神様が魅せる神がかり的な手法!

定価6,090円(税込)

ヒットエンドラン株式売買法
ジェフ・クーパー著

ネット・トレーダー必携の永遠の教科書! カンや思惑に頼らないアメリカ最新トレード・テクニックが満載!!

定価18,690円(税込)

くそったれマーケットをやっつけろ!
マイケル・パーネス著

大損から一念発起! 15カ月で3万3000ドルを700万ドルにした
驚異のホームトレーダー!

定価2,520円(税込)

<3> 順張りか逆張りか、中長期売買法の極意を完全マスターする！

タートルズの秘密
ラッセル・サンズ著

中・長期売買に興味がある人や、アメリカで莫大な資産を築いた
本物の投資手法・戦略を学びたい方必携！

定価20,790円（税込）

カウンターゲーム
アンソニー・M・ガレア＆
ウィリアム・パタロンⅢ世著
序文：ジム・ロジャーズ

ジム・ロジャーズも絶賛の「逆張り株式投資法」の決定版！
個人でできるグレアム、バフェット流バリュー投資術！

定価2,940円（税込）

オニールの成長株発掘法
ウィリアム・J・オニール著

あの「マーケットの魔術師」が平易な文章で書き下ろした 全米で100万部突破の大ベストセラー！

定価2,940円（税込）

オニールの相場師養成講座
ウィリアム・J・オニール著

今日の株式市場でお金を儲けて、
そしてお金を守るためのきわめて常識的な戦略。

定価2,940円（税込）

オニールの空売り練習帖
ウィリアム・J・オニール著

売る方法を知らずして、買うべからず。売りの極意を教えます！
「マーケットの魔術師」オニールが空売りの奥義を明かした！

定価2,940円（税込）

ウォール街で勝つ法則
ジェームズ・P・オショーネシー著

ニューヨーク・タイムズやビジネス・ウィークのベストセラー
リストに載った完全改訂版投資ガイドブック。

定価6,090円（税込）

トレンドフォロー入門
マイケル・コベル著

初のトレンドフォロー決定版！
トレンドフォロー・トレーディングに関する初めての本。

定価6,090円（税込）

バイ・アンド・ホールド時代の終焉
エド・イースタリング著

買えば儲かる時代は終わった！ 高PER、低配当、低インフレ
時代の現在は、バイ・アンド・ホールド投資は不向きである。

定価2,940円（税込）

株式インサイダー投資法
チャールズ・ビダーマン＆
デビッド・サンチ著

利益もPERも見てはいけない！
インサイダーの側についていけ！

定価2,940円（税込）

ラリー・ウィリアムズの「インサイダー情報」で儲ける方法
ラリー・ウィリアムズ著

"常勝大手投資家" コマーシャルズについていけ！

定価6,090円（税込）

話題の新刊が続々登場！現代の錬金術師シリーズ

為替の中心ロンドンで見た。ちょっとニュースな出来事
柳基善著
ジャーナリスト嶌信彦氏も推薦の一冊。
関係者以外知ることのできない舞台裏とは如何に？
定価1,260円（税込）

年収300万円の私を月収300万円の私に変えた投資戦略
石川臨太郎著
カンニング投資法で、マネして、ラクして、稼ぎましょう。
夕刊フジにコラム連載中の著者の本。
定価1,890円（税込）

潜在意識を活用した最強の投資術入門
石川臨太郎著
年収3000万円を稼ぎ出した現代の錬金術師が明かす「プラス思考＋株式投資＋不動産投資＝幸せ」の方程式とは？
定価2,940円（税込）

矢口新の相場力アップドリル　株式編
矢口 新著
A社が日経225に採用されたとします。このことをきっかけに相場はどう動くと思いますか？
定価1,890円（税込）

矢口新の相場力アップドリル　為替編
矢口 新著
アメリカの連銀議長が金利上げを示唆したとします。
このことをきっかけに相場はどう動くと思いますか？
定価1,575円（税込）

私はこうして投資を学んだ
増田丞美著
実際に投資で利益を上げている著者が今現在、実際に利益を上げている考え方＆手法を大胆にも公開！
定価1,890円（税込）

投資家から「自立する」投資家へ
山本潤著
大人気メルマガ『億の近道』理事の書き下ろし。企業の真の実力を知る技術と企業のトリックに打ち勝つ心構えを紹介！
定価5,040円（税込）

景気予測から始める株式投資入門
村田雅志著
UFJ総研エコノミストが書き下ろした「超」高効率のトップダウンアプローチ法を紹介!
定価3,465円（税込）

株式トレーダーへの「ひとこと」ヒント集
東保裕之著
『株式投資　これだけはやってはいけない』『株式投資　これだけ心得帖』の著者である東保裕之氏が株式トレーダーに贈るヒント集。
定価1,050円（税込）

魔術師が贈る55のメッセージ
パンローリング編
巨万の富を築いたトップトレーダーたちの"生"の言葉でつづる「座右の銘」。ままならない"今"を抜け出すためのヒント、ここにあり。
定価1,050円（税込）

話題の新刊が続々登場！現代の錬金術師シリーズ

先物の世界 相場開眼
鏑木繁著

鏑木氏シリーズ第5弾の本書。本書も相場に必要不可欠な「心理面」を中心に書かれています。

定価1,680円（税込）

相場の張り方 先物の世界
鏑木繁著

"鏑木本"で紹介されていることは、投資で利益を上げるようになれば、必ず通る道である。一度は目を通しておいても、損はない。 定価1,260円（税込）

先物罫線 相場奥の細道
鏑木繁著

チャーチストはもちろん、そうでない人も、あらためて罫線に向き合い、相場に必要不可欠な"ひらめき"を養ってはいかがだろうか。 定価1,260円（税込）

格言で学ぶ相場の哲学
鏑木繁著

相場が上がったら買う、下がったら売る。自分の内に確固たる信念がないと、相場の動きにただついていくだけになる。

定価1,260円（税込）

先物の世界　相場喜怒哀楽
鏑木繁著

相場における「喜」とは何か。「怒」とは何か。「哀」とは何か。「楽」とは何か。あなたにとっての「喜怒哀楽」を見つけていただきたい。

定価1,260円（税込）

15万円からはじめる本気の海外投資完全マニュアル
石田和靖著

これからの主流は「これからの国」への投資！　本書を持って、海外投資の旅に出かけてはいかがだろうか。 定価1,890円（税込）

タイ株投資完全マニュアル
石田和靖著

銀行や電力などの優良企業にバリュー投資できるタイは、今後、もっとも魅力的な"激熱"市場なのです。本書を片手に、いざタイ株投資の旅へ!!

定価1,890円（税込）

金融占星術入門～ファイナンシャルアストロロジーへの誘い～
山中康司著

国家の行方を占うことから始まった言われる「占星術」の威力を本書でぜひ味わってほしい。 定価1,890円（税込）

道具にこだわりを。

よいレシピとよい材料だけでよい料理は生まれません。
一流の料理人は、一流の技術と、それを助ける一流の道具を持っているものです。
成功しているトレーダーに選ばれ、鍛えられたチャートギャラリーだからこそ、
あなたの売買技術がさらに引き立ちます。

Chart Gallery 3.1 for Windows
Established Methods for Every Speculation

パンローリング相場アプリケーション

チャートギャラリープロ 3.1 定価84,000円(本体80,000円+税5%)
チャートギャラリー 3.1 定価29,400円(本体28,000円+税5%)

[商品紹介ページ] http://www.panrolling.com/pansoft/chtgal/

RSIなど、指標をいくつでも、何段でも重ね書きできます。移動平均の日数などパラメタも自由に変更できます。一度作ったチャートはファイルにいくつでも保存できますので、毎日すばやくチャートを表示できます。
日々のデータは無料配信しています。ボタンを2、3押すだけの簡単操作で、わずか3分以内でデータを更新。過去データも豊富に収録。
プロ版では、柔軟な銘柄検索などさらに強力な機能を搭載。ほかの投資家の一歩先を行く売買環境を実現できます。

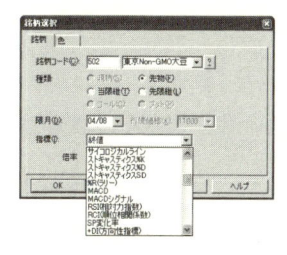

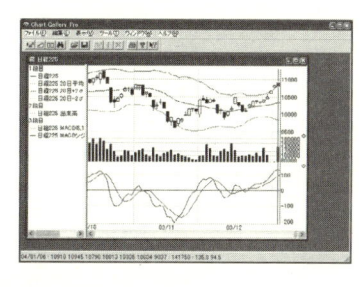

お問合わせ・お申し込みは

Pan Rolling パンローリング株式会社

〒160-0023 東京都新宿区西新宿7-21-3-1001 TEL.03-5386-7391 FAX.03-5386-7393
E-Mail info@panrolling.com ホームページ http://www.panrolling.com/

Pan Rolling

相場データ・投資ノウハウ 実践資料…etc

今すぐトレーダーズショップにアクセスしてみよう！

ここでしか入手できないモノがある

1. インターネットに接続して http://www.tradersshop.com/ にアクセスします。インターネットだから、24時間どこからでも OK です。

2. トップページが表示されます。画面の左側に便利な検索機能があります。タイトルはもちろん、キーワードや商品番号など、探している商品の手がかりがあれば、簡単に見つけることができます。

3. ほしい商品が見つかったら、お買い物かごに入れます。お買い物かごにはほしい品物をすべて入れ終わったら、一覧表の下にあるお会計を押します。

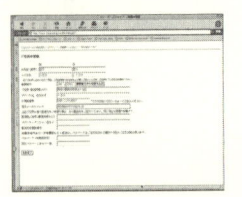

4. はじめてのお客さまは、配達先等を入力します。お支払方法を入力して内容を確認後、ご注文を送信を押して完了（次回以降の注文はもっとカンタン。最短2クリックで注文が完了します）。送料はご注文1回につき、何点でも全国一律250円です（1回の注文が2800円以上なら無料！）。また、代引手数料も無料となっています。

5. あとは宅配便にて、あなたのお手元に商品が届きます。そのほかにもトレーダーズショップには、投資業界の有名人による「私のオススメの一冊」コーナーや読者による書評など、投資に役立つ情報が満載です。さらに、投資に役立つ楽しいメールマガジンも無料で登録できます。ごゆっくりお楽しみください。

Traders Shop

http://www.tradersshop.com/

投資に役立つメールマガジンも無料で登録できます。 http://www.tradersshop.com/back/mailmag/

パンローリング株式会社　〒160-0023 東京都新宿区西新宿7-21-3-1001
Tel:03-5386-7391　Fax:03-5386-7393
http://www.panrolling.com/
E-Mail info@panrolling.com

お問い合わせは